Papier schneiden, falten, kleben

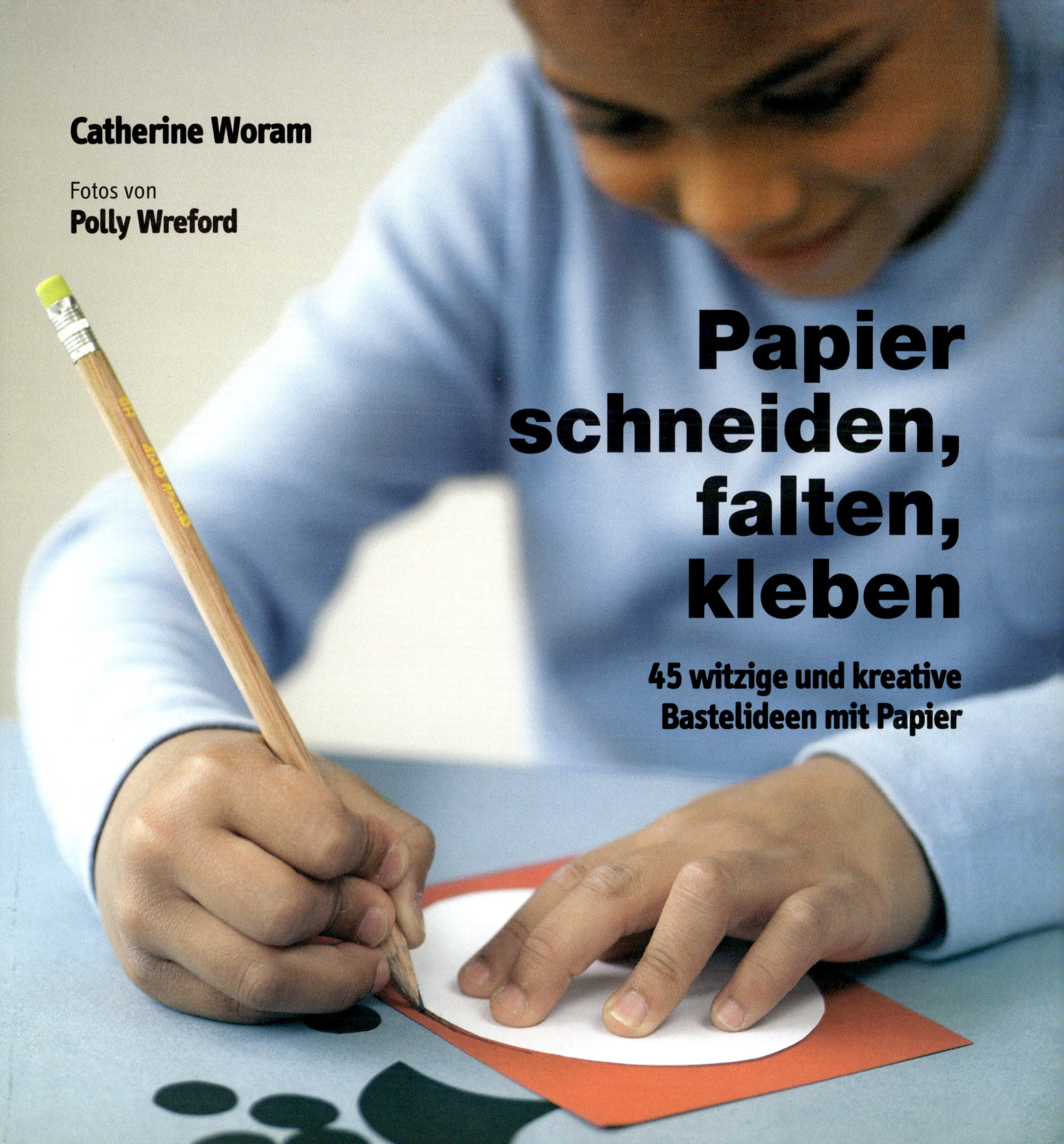

Catherine Woram

Fotos von
Polly Wreford

Papier schneiden, falten, kleben

45 witzige und kreative Bastelideen mit Papier

Grafische Leitung Toni Kay
Chefredaktion Annabel Morgan
Locations Jess Walton
Produktion Toby Marshall
Art-Director Leslie Harrington
Verlagsleitung Alison Starling

Stylist Catherine Woram

Die englische Originalausgabe erschien 2010 unter dem Titel „Paper, scissors,
glue. 45 fun and creative papercraft projects for kids aged 3-10" von Catherine
Woram bei Ryland Peters & Small, Großbritannien und USA.

Text, Layout & Fotos
© Ryland Peters & Small
20-21 Jockey's Fields
London WC1R 4BW
und
519 Broadway, 5th Floor
New York, NY 10012
www.rylandpeters.com

© der deutschen Ausgabe: 2010 frechverlag GmbH, 70499 Stuttgart

Projekt-Management, Lektorat: Tina Herud
Übersetzung: Redaktionsbüro Kim Marie Krämer, 70771 Leinfelden-
Echterdingen
Lektorat: Text & Wort Kirstin Mikalauski

Druck und Bindung in China

Auflage: 5.   4.   3.   2.   1.
            2015 2014 2013 2012 2011
            [letzte Zahlen maßgebend]

ISBN: 978-3-7724-5738-8
Best.-Nr. 5738

Inhalt

Einleitung

Wenn Ihren Kindern *Kinder machen Weihnachtssachen* und *Kinder machen Recyclingsachen* gefallen hat, dann lieben sie bestimmt auch diesen neuen Titel aus der Reihe. *Papier schneiden, falten, kleben* ist die perfekte Wahl für den sparsamen Bastler, da die meisten Projekte aus Papier- und Pappresten hergestellt werden. Darüber hinaus werden lediglich eine große Tube Klebstoff, einige Scheren sowie Farbe, Pinsel und ein paar Accessoires zum Verzieren gebraucht.

In dem Buch kommen viele traditionelle Papier-Basteltechniken zum Einsatz, vom Schneiden und Falten übers Kleben und Drucken bis hin zum Papiermaché. Außerdem werden ein paar sehr einfache Origami-Techniken gezeigt. Vom 3-D-Dinosaurier, der aus farbigem Karton ausgeschnitten und zusammengesteckt wird, über Insekten aus Eierkartons und hübsche Perlenketten bis hin zu Pop-up-Karten gefallen die Ideen sowohl Mädchen wie auch Jungs zwischen drei und zehn Jahren und darüber hinaus.

Jedes Projekt wird mit vier deutlichen, einfachen Schritt-Fotos erklärt. Oft gibt es auch Vorschläge, welche anderen Sachen in der gleichen Technik gearbeitet werden können, sowie praktische Tipps. Sie werden feststellen, dass viele Modelle erstaunlich günstig und einfach nachzumachen sind und dass sich die Grundmaterialien vielleicht schon in Ihrem Bastelschrank befinden. Es werden keine Spezialwerkzeuge gebraucht. Jede Vorlage, die benötigt wird, finden Sie hinten im Buch.

Während des Fotografierens war es eine richtige Freude zu sehen, wie viel Spaß das Basteln allen Kindern gemacht hat. Die tiefe Konzentration, die auf einigen Fotos in ihren Gesichtern zu sehen ist, beweist das! Es macht bestimmt auch Ihnen Spaß, Ihr Kind bei den Projekten aus diesem Buch zu unterstützen. Und Ihre Kinder werden die Sachen gerne nachmachen, damit spielen und sie stolz Freunden und Familienmitgliedern als Geschenke überreichen.

Schneiden

DAS BRAUCHST DU:

Papier (für die Schablone) • Muster-
papierreste in verschiedenen Farben
(Geschenkpapier ist perfekt) •
Zackenschere • Schleifenband in Rosa,
1 cm breit (in passender Länge für die
Girlande) • Weißleim oder Klebstoff •
Schere • Bleistift

Schablone arbeiten
Mache eine Fotokopie von der Vorlage auf Seite 118 und schneide sie aus. Lege die so entstandene Schablone auf die Rückseite eines Muster-papierrestes und umfahre sie mit Bleistift. Es geht schneller, wenn du zuerst alle Dreiecke aufzeichnest und sie dann zusammen aus-schneidest.

Wimpel ausschneiden
Schneide die Dreiecke mit der Zackenschere aus. Alternativ kannst du auch eine normale Schere oder eine Zierrandschere nehmen, die es mit Schnörkeln oder Bögen gibt und die du normalerweise im Bastelfachhandel findest.

Falten
Falte die breite Basis jedes Dreiecks entlang der Faltlinie auf der Vorlage auf die falsche Seite (die ohne Muster). Fahre mit deinem Finger über die Faltung, um das Papier zu glätten.

An das Schleifenband kleben
Trage auf der Innenseite der Faltung eine Klebstofflinie auf. Lege das Schleifenband darauf und streiche die Falte danach fest. Presse das Ganze so lange zusammen, bis die beiden Papierseiten am Schleifenband festkleben. Zwischen den Dreiecken sollten immer ungefähr 4 cm Schleifenband zu sehen sein. Klebe so lange Dreiecke an das Schleifenband, bis die Papier-Girlande die gewünschte Länge hat.

Papier-Wimpel

Diese witzige Wimpel-Girlande wird aus hübschen Papieren mit Blumen, Tupfen und Karos gemacht, die für ihr lustiges, buntes Aussehen sorgen. Du kannst die Wimpel-Girlande so lange machen, wie du willst – klebe einfach so viele Wimpel-Dreiecke an das Schleifenband, wie du möchtest.

Marienkäfer-Mobile

Dieses fröhliche Mobile mit seinen auffälligen, getupften
Marienkäfern sieht großartig aus, wenn es in einem Fenster
oder an einem Lampenschirm im Schlafzimmer hängt.

DAS BRAUCHST DU:

Papier (für die Schablone) • Tonkarton in Rot und Schwarz, A4 • Schere • Bleistift • Weißleim oder Klebstoff • Nylonfaden • Acrylfarbe in Weiß • Pinsel • 2 Holzleisten, 1 cm x 1 cm, 20 cm lang

Schablone arbeiten

Kopiere die Marienkäfer-Vorlage von Seite 118 zweimal und schneide sie aus. Die Körper-Vorlage muss auf den roten Tonkarton übertragen werden, die Vorlage für das Gesicht und die Tupfen auf den schwarzen. Mache davon einen zweiten Satz für die andere Seite des Marienkäfers.

Formen ausschneiden

Schneide die Marienkäferkörper, -köpfe und -tupfen aus. Wenn du willst, kannst du für die Tupfen des Marienkäfers auch selbstklebende, schwarze Punkte nehmen.

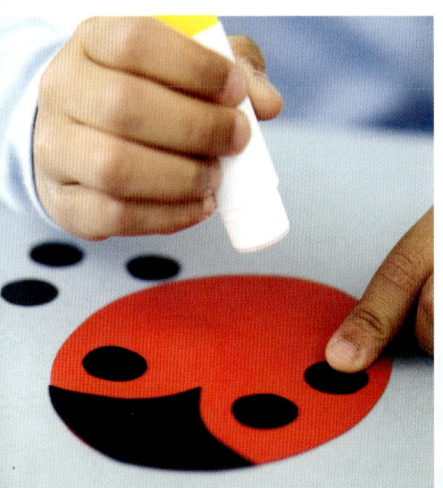

Marienkäfer ausschmücken

Klebe wie abgebildet das Gesicht und sechs Tupfen auf eine Seite des Marienkäfers. Drehe den Marienkäfer um und wiederhole das Ganze auf der anderen Seite. Arbeite auf diese Weise drei weitere Marienkäfer. Male die Holzleisten rot an und bitte einen Erwachsenen, in die Mitte und die Enden jeder Leiste ein Loch zu bohren.

Zum Schluss

Nehme einen dünnen Pinsel und weiße Farbe, um die Augen aufzumalen. Lasse das Ganze vollständig trocknen. Klebe die Leisten kreuzförmig zusammen, wobei die Bohrlöcher übereinander liegen müssen. Schiebe eine Nylonfaden-Schlaufe durch, um das Mobile daran aufzuhängen. Mache oben ein Loch in jeden Marienkäfer und nimm Nylonfaden, um sie an den vier Enden der Leisten zu befestigen.

DAS BRAUCHST DU:

Fotokopie eines Fotos von deinem Kopf im Profil • Tonpapier in Schwarz • Musterpapier in Schwarz-Weiß • Bilderrahmen (etwas größer als das Foto) • Knöpfe in Schwarz-Weiß • Weißleim oder Klebstoff • Bleistift • Schere

Silhouette ausschneiden

Schneide mit einer Schere vorsichtig das Profil des Kopfes aus der Fotokopie aus. An kniffligen Stellen kannst du auch einen Erwachsenen um Hilfe bitten, er soll dir die Silhouette mit einem scharfen Cutter ausschneiden.

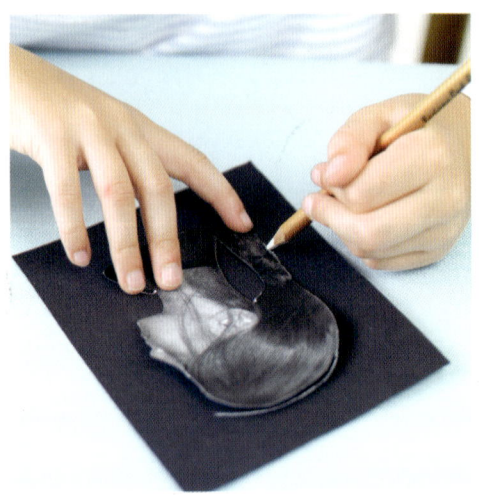

Um die Silhouette malen Lege die Vorlage mit der ausgeschnittenen Silhouette auf die Rückseite des farbigen Papiers und ziehe die Umrisse vorsichtig mit dem Bleistift nach. Schneide das Ganze wieder mit der Schere aus oder bitte einen Erwachsenen, das mit einem Cutter zu machen.

Auf das Papier kleben Trage Klebstoff auf die Rückseite der ausgeschnittenen Silhouette auf, klebe diese fest auf das Musterpapier und streiche das Ganze glatt. Lasse den Klebstoff vollständig trocknen. Falls notwendig, malst du den Rahmen an, damit er zu der Silhouette und dem ausgewählten Musterpapier passt.

Zum Schluss Verziere den Rahmen, indem du mit Klebstoff oder der Heißklebepistole (die Heißklebepistole darf nur ein Erwachsener benutzen) eine Auswahl hübscher Knöpfe aufklebst. Lasse den Rahmen vollständig trocknen. Lege die Silhouette ein und setze den Rahmen zusammen.

Silhouetten

Die traditionelle Technik, Papiersilhouetten auszuschneiden, macht Spaß, geht einfach und ist eine tolle Geschenkidee für Freunde und die Familie, besonders für Großeltern. Kopiere dafür einfach ein Foto, auf dem dein Profil zu sehen ist, schneide dieses aus farbigem Papier aus und klebe es auf dekoratives Hintergrundpapier. Mit der gleichen Technik kannst du auch Schachteln, Bücher und Karten verzieren.

Verzierte Schachtel

Schneide einen Teil deiner Silhouette aus und dekoriere damit eine Schachtel mit Deckel. Zum Schluss klebst du seitlich passendes Karoband auf. Den letzten Pfiff bekommt die hübsche Schmuckschachtel durch Zackenlitze, die um den Deckel läuft.

Muttertags-Karte

Eine perfekte Karte für Mama: Hier wurde die Silhouette auf getupftes Papier aufgeklebt. Das Haar wurde mit einer niedlichen Samt-Schleife verziert.

Kleine Tipps

Wenn du ein passendes Foto für die Silhouette auswählst, dann achte darauf, dass dein Profil darauf gut und scharf ist. Vielleicht ist es einfacher, wenn du ganz von vorn anfängst und jemanden bittest, ein Foto von deinem Profil dicht vor einem weißen Hintergrund zu schießen, damit deine Gesichtszüge gut zu erkennen sind.

Geheimes Tagebuch

Mache ein geheimes Tagebuch für einen engen Freund oder dich selbst, bei dem du die Silhouette vorn auf das Buch aufklebst und rings herum ein außergewöhnliches Filzband ergänzt. Schlage das Buch in farbiges Papier ein, bevor du die Silhouette fixierst. Innen in den Umschlag klebst du Schleifenbänder zum Verschließen.

Papierweben

Papierweben ist eine einfache und wirkungsvolle Papier-Basteltechnik. Damit können viele Sachen geschmückt werden, um so hübsche, praktische Geschenke (siehe Seite 20/21) zu machen. Wir haben ungewöhnliche Knöpfe, selbstklebende Punkte und hübsche Zackenlitze genommen, um dieses gewebte Tischset zu verzieren.

DAS BRAUCHST DU:

4 Blätter Papier in unterschiedlichen Farben, A4 • Weißleim oder Klebstoff • Zackenlitze in zwei verschiedenen Farben, je 60 cm lang • Musterpapier in verschiedenen Farben • Bleistift • Lineal • Schere • Klebepunkte • Knöpfe

Papier schneiden

Mithilfe des Bleistiftes und des Lineals zeichnest du Streifen auf die Rückseiten des unterschiedlich farbigen Papiers, wobei du darauf achten solltest, dass jeder Streifen ungefähr 2,5 cm breit ist. Schneide die Streifen mit der Schere aus.

Mit dem Weben beginnen

Lege zwei verschieden farbige Streifen rechtwinklig aufeinander und klebe sie zusammen. Dann klebst du einen anderen Papierstreifen unter den oberen waagerechten Streifen, der parallel zu dem senkrechten Streifen laufen sollte. Verwende unterschiedlich farbige Streifen und wiederhole die Technik. Indem die Streifen über- und untereinander gewebt werden, entsteht ein robustes, gewebtes Tischset.

Mit dem Weben fortfahren

Fahre damit fort, die Streifen über- und untereinander zu weben. Wenn du ans Ende der Anfangsstreifen kommst, dann klebe das Ende des Streifens, an dem du gerade arbeitest, entweder auf oder unter den Anfangsstreifen und drücke ihn fest an. Du musst die Enden des Streifens vielleicht abschneiden, damit die Ränder gerade werden.

Zum Schluss

Wenn du alle Enden der Papierstreifen festgeklebt hast, verzierst du das Tischset. Wir haben dafür hübsche Knöpfe genommen, die wir in jeder Ecke auf ein quadratisches Stück Tupfenpapier geklebt haben. Du kannst auch Zackenlitze in das Tischset einweben. Klebepunkte sorgen für den besonderen Pepp.

Stiftehalter

Eine Pappröhre (so eine, in der Kartoffelchips sind) kann in einen nützlichen Stiftehalter verwandelt werden. Schneide die Röhre in der gewünschten Höhe ab und verziere sie mit einem Stück gewebtem Papier. Zum Schluss klebst du ein hübsches Filzband herum.

Praktisches Notizbuch

Für ein hübsches, selbstgemachtes Geschenk versiehst du ein simples Notizbuch vorn mit einem gewebten Papierstück und klebst ein Zierband aus Bastelfilz auf. Ein Stück Tonkarton, in das ein einzelner Papierstreifen eingewebt wird, ergibt ein dazu passendes Lesezeichen. Schneide einfach Schlitze in das Tonkarton-Lesezeichen und webe einen Papierstreifen von vorn nach hinten durch. Klebe den Anfang und das Ende des Papierstreifens auf der Rückseite des Lesezeichens fest.

Stifteschachtel

Male eine hölzerne Schachtel farblich passend zu einem Papierstreifen an. Messe den Deckel aus und webe ein Stück in passender Größe – so erhältst du eine einfache, aber gleichzeitig dekorative Stiftebox.

Kleine Tipps

Wenn du ein Stück bedecken willst, so wie die Box oder die Vorderseite des Notizbuches, ist es am besten, wenn du deren Breite und Länge ausmisst und dieses Maß gleichmäßig unterteilst, um sicherzustellen, dass die Papierstreifen passen. Diese sollten zwischen 2 cm und 4 cm breit sein, damit das Ganze gut aussieht.

DAS BRAUCHST DU:

Papier (für die Schablone) • Tonkarton in Grün, A4 (für das große Krokodil) • 2 Wackelaugen • Schere • Bleistift • Weißleim oder Klebstoff • Acrylfarbe in Weiß • feiner Pinsel

Schablone arbeiten

Kopiere die Vorlage von Seite 123 und schneide sie mit der Schere aus. Falte den grünen Tonkarton der Länge nach mittig zusammen und platziere die Schablone darauf, wobei der Rücken des Krokodils wie abgebildet mit dem Knick im Tonkarton übereinstimmen sollte.

Rückenstacheln einschneiden

Schneide das Krokodil mit der Schere aus. Für die Stacheln markierst du wie auf der Vorlage gezeigt die Linien und schneidest entlang dieser durch den gefalteten Tonkarton. Eine kleine Schere sorgt dafür, dass die Einschnitte hübsch und ordentlich werden.

Rücken falten

Lege das Krokodil geöffnet flach vor dich hin. Durch die Einschnitte sind sechs Dreiecke entstanden. Klappe diese zurück und drücke sie mit einem Finger flach. Falte das Krokodil vorsichtig wieder mittig zusammen, sodass die knubbeligen Stacheln über die ganze Länge des Rückens hinweg zu sehen sind.

Zum Schluss

Klebe auf jede Seite des Gesichts ein Wackelauge. Mit weißer Acrylfarbe und einem feinen Pinsel malst du die Zähne des Krokodils auf. Das geht vielleicht einfacher, wenn du diese zuerst mit einem Bleistift auf dem Tonkarton vorzeichnest, bevor du sie aufmalst.

Freches Krokodil

Diese witzigen Krokodile haben knubbelige Stacheln, Wackelaugen und zeigen Zähne beim Grinsen. Arbeite sie in verschiedenen Grüntönen und Größen, um damit dein Zimmer zu schmücken.

Getupfte Blumen

Diese fröhlichen, getupften Blumen werden aus drei herzförmig zugeschnittenen Tonkartonstücken gemacht, die mit Selbstklebepunkten verziert werden. Arbeite sie in auffälligen Farben und male zusätzlich Pappbecher an, die als dekorative Blumentöpfe dienen.

DAS BRAUCHST DU:

Papier (für die Schablone) • 3 oder 4 Bögen Tonkarton in verschiedenen Farben, A4 • Stoffblumen in verschiedenen Farben • Chenilledraht in Orange (für die Stängel) • Schere • Klebepunkte • Weißleim • Bastelkleber

Schablone arbeiten Kopiere die Herz-Vorlage von Seite 119 und schneide sie mit einer Schere aus. Lege die so entstandene Schablone auf ein Stück Tonkarton und umfahre sie mit Bleistift. Wiederhole diesen Schritt, bis du genügend Herzen hast (für jede Blume brauchst du drei). Schneide die Herzen vorsichtig mit der Schere aus.

Punkte aufkleben Ziehe die Klebepunkte ab und klebe sie auf jedes Herz. Damit es besonders auffällig wird, haben wir kontrastfarbige Punkte genommen. Presse jeden Punkt mit deinem Finger fest an, damit er auch sicher klebt.

Blumen zusammenkleben Für die Blumen legst du drei Herzen so zusammen, dass sich die Spitzen leicht überlappen. Klebe die Spitzen mit einem Tropfen Weißleim zusammen und presse sie fest aufeinander. Wiederhole das Ganze für die anderen Blumen und lasse sie vollständig trocknen.

Zum Schluss Wenn die Blumen getrocknet sind, klebst du mit Bastelkleber jeweils eine Stoffblume in die Mitte und lässt sie wieder trocknen. Mit dem gleichen Klebstoff fixierst du auf der Rückseite jeder Blume einen Chenilledraht, der als Stängel dient. Wenn du willst, malst du Pappbecher in kräftigen Farben an, in die du deine Blumen steckst.

DAS BRAUCHST DU:

Papier (für die Schablone) • Tonkarton in Hell- und Dunkelpink • spitze, dicke Nadel • festen Schaumstoff (in gleicher Größe wie der Stern) • Schleifenband in Pink, 1 cm breit (so lang wie die Girlande sein soll) • Weißleim oder Klebestift • Schere • Bleistift • Glitter • Bastelkleber

Schablone ausschneiden

Kopiere die Stern-Vorlage von Seite 123 und schneide sie mit einer Schere aus. Lege diese auf die Rückseite des Tonkartons und umfahre sie mit Bleistift. Um Zeit zu sparen, malst du zuerst alle Sterne auf, bevor du sie ausschneidest. Du brauchst für die Girlande in jeder Farbe sechs Sterne (insgesamt also zwölf).

Sterne ausschneiden

Schneide die Sterne mit der Schere aus. Wenn sie dekorativer werden sollen, nimmst du dafür eine Zackenschere oder eine Zierrandschere mit Bögen.

Lochen

Lege einen Stern auf den Schaumstoff – das macht das Lochen einfacher und verhindert, dass der Karton Knicke bekommt. Steche mit der Nadel vorsichtig von vorn nach hinten durch den Karton und ziehe sie wieder heraus. Das nächste Loch stichst du etwa 3 mm neben dem ersten ein. Fahre damit fort, Löcher in den Rand des Sterns zu stechen, bis du einmal rum bist.

Zum Schluss

Male in die Mitte eines jeden Sterns mit Weißleim einen Kreis. Streue Glitter darüber und lasse das Ganze trocknen. Um die Girlande aufzufädeln, gibst du einen Tropfen Bastelkleber auf die Rückseite einer Sternspitze und klebst diesen damit auf das Schleifenband. So fortfahren, bis die Girlande fertig ist.

Sternengirlande

Einfache Tonkartonsterne, die aus Tonkarton in kräftigem und blassem Pink ausgeschnitten werden, sehen besonders entzückend aus, wenn sie mit einer langen Nadel gelocht werden – fast ein bisschen wie aus Spitze. Für diese hübsche Girlande verzierst du die Sterne mit Glitter und ziehst sie auf Schleifenband auf.

Buntglas-Schmetterlinge

Diese klassische Papiertechnik begeistert vor allem jüngere Kinder. Formen wie Schmetterlinge oder Herzen (ebenso wie die klassischen Buntglasfenster-Motive) sehen großartig aus, wenn sie aus schwarzem Papier ausgeschnitten und mit leuchtend-buntem Seidenpapier hinterklebt werden.

DAS BRAUCHST DU:

Papier (für die Schablone) • Tonpapier in Schwarz, A4 (für jedes Motiv) • Seidenpapier in verschiedenen Farben • Buntstift in Weiß • Chenilledraht in Schwarz • Weißleim oder Klebstoff • Schere • Bleistift

Schablone arbeiten
Kopiere die Vorlage von Seite 119 und schneide sie mit der Schere aus. Platziere die so entstandene Schablone auf schwarzem Papier und male mit dem weißen Buntstift drum herum (damit du die Schmetterlingsform besser erkennen kannst).

Schmetterling ausschneiden
Schneide den Schmetterling mit der Schere aus dem schwarzen Papier aus. Wenn du mehr als einen Schmetterling machen möchtest, ist es besser, du schneidest zuerst alle Schmetterlinge aus, bevor du die Löcher einschneidest und sie mit Seidenpapier hinterklebst.

Muster aufmalen
Male mit dem weißen Buntstift weich abgerundete Formen auf die Rückseite des Schmetterlings. Schneide diese vorsichtig mit der Schere aus; das sind die Ausschnitte für das Seidenpapier.

Zum Schluss
Schneide aus dem Seidenpapier Stücke aus, die ein kleines bisschen größer als die Öffnungen sind, und klebe diese auf die Rückseite des Schmetterlings. Nimm immer nur wenig Klebstoff, weil das Seidenpapier sonst nass wird und reißt. Zum Schluss klebst du mit Klebstofftropfen zwei schwarze Chenilledraht-Fühler auf.

DAS BRAUCHST DU:

Papier (für die Schablone) • verschiedene Musterpapiere • Holztablett • Weißleim oder Klebestift • Acryllack auf Wasserbasis • Pinsel • Schere • Bleistift

Schablone arbeiten

Kopiere die rautenförmige Vorlage von Seite 118 und schneide sie mit der Schere aus. Lege die so entstandene Schablone auf die Musterpapiere und umfahre sie mit Bleistift. Wiederhole das Ganze so oft, bis du genügend Rauten hast, um den Boden des Tabletts zu bedecken.

Rauten ausschneiden

Schneide mit der Schere vorsichtig die Rauten aus. Wir haben übrigens Origami-Papier verwendet, das es in vielen hübschen Mustern zu kaufen gibt.

Rauten aufs Tablett kleben

Bevor du damit beginnst, die Rauten auf das Tablett zu kleben, ist es vielleicht nützlich, wenn du sie zuerst nur auf das Tablett legst, bis du eine ansprechende Anordnung gefunden hast. Hebe jedes Stück Papier einzeln an, um Klebstoff aufzutragen, und klebe es dann auf das Tablett. So behältst du den Überblick, wo jedes Stück hin soll. Streiche die aufgeklebten Rauten mit deinen Fingern fest an, damit sie gut halten.

Zum Schluss

Schneide Rauten zu, die zu den Rändern des Tabletts passen. Das geht am einfachsten, wenn du sie dafür auf das Tablett legst und die Ränder am Rand umklappst. Schneide den Überstand mit der Schere ab und klebe sie auf das Tablett. Wenn der Klebstoff getrocknet ist, trägst du ein oder zwei Schichten Acryllack auf Wasserbasis auf.

Tablett in der Découpage-Technik

Für dieses Tablett in der Découpage-Technik haben wir Rauten aus hübsch gemusterten Papieren aufgeklebt und diese zum Schluss mit Lack überzogen. Es ist ein perfektes Geschenk für deine Oma oder zum Muttertag.

Bilderrahmen in der Découpage-Technik

Modern und zeitgemäß wirkt die traditionelle Découpage-Technik, wenn du einen simplen Rahmen mit einfachen Quadraten und Rechtecken verzierst, die du aus auffälligen, hübschen Musterpapieren ausschneidest. Wir haben den Rahmen zum Schluss mit Zackenlitze und süßen Knöpfen versehen.

DAS BRAUCHST DU:

Musterpapiere in verschiedenen Designs • Bilderrahmen mit breitem Rand • Zackenlitze (in passender Farbe zu den Papieren und in passender Länge zum Rahmen) • Knöpfe (in passender Farbe zu den Papieren) • Weißleim oder Klebstoff • Schere

Formen ausschneiden

Schneide Quadrate und Rechtecke aus den Musterpapieren aus und lege diese in Stapeln, die immer das gleiche Muster haben, vor dich hin. Das macht das Aufkleben einfacher. Vielleicht willst du die Papierstücke auch schon auf dem Rahmen anordnen, bevor du sie aufklebst, um deinen Entwurf auszuprobieren. Du kannst aber auch einfach mit dem Aufkleben beginnen und sehen, was dabei herauskommt.

Mit dem Aufkleben beginnen
Fange damit an, die Stücke auf den Rahmen zu kleben. Dazu trägst du Klebstoff auf die Rückseite jedes Papier-Quadrats oder -Rechtecks auf. Streiche auch die Ränder des Papiers ein, damit diese sich nicht aufrollen. Klebe so lange Papierstücke auf, bis der Rahmen vollständig bedeckt ist.

Verzieren
Auch auf die Rückseiten der Knöpfe trägst du Klebstoff auf und klebst diese in gleichmäßigen Abständen auf den Rahmen. Du kannst auch einen Erwachsenen fragen, ob er das mit der Heißklebepistole für dich übernimmt. Das Hantieren mit ihr ist nicht ganz ungefährlich, weshalb ein Erwachsener dir helfen sollte!

Zum Schluss
Nun schneidest du vier Stücke Zackenlitze ab, die um die Öffnung des Rahmens passen, und klebst sie mit Weißleim oder Klebstoff so auf den Rahmen, dass sie die Öffnung schön einfassen. Lass das Ganze vollständig trocknen. Zum Schluss steckst du ein Bild in den Bilderrahmen.

DAS BRAUCHST DU:

einfarbige Postkarten und Umschläge in zwei unterschiedlichen Farben • Motivstanzer (Blume, Herz oder Stern) • Schachtel für die Grußkarten • Borte oder Zackenlitze • Weißleim oder Klebstoff • Schere • Bleistift • Radiergummi • Lineal

Stanz-Markierungen aufzeichnen

Zunächst markierst du mithilfe eines Bleistifts und des Lineals die Mitte jeder Karte und zwar ca. 1 cm unterhalb der Oberkante. Jetzt machst du auf beiden Seiten dieses Punktes eine weitere Markierung, genau zwischen der Mitte und dem Rand der Karte. Das sind die Stellen, an denen die Gruß-karten gestanzt werden müssen. Wiederhole den Vorgang für jede Grußkarte.

Formen ausstanzen

Schiebe die Karte in den Motivstanzer und stanze an der mit Bleistift markierten Stelle das Motiv aus. Wiederhole das an den anderen beiden Stellen. Wenn du mit dem Stanzen fertig bist, entfernst du mit dem Radiergummi die noch sichtbaren Bleistift-markierungen auf der Karte. Damit alles zusammenpasst, haben wir auch die Spitze auf der Umschlag-Rückseite gestanzt.

Schachtel schmücken

Nun klebst du eine Grußkarte, die nicht gestanzt wurde, auf die Vorderseite der Schachtel, und klebst ausgestanzte Motive in der zweiten Farbe darauf. Drücke diese gut an, damit sie gut halten, und lass den Klebstoff vollständig trocknen.

Zum Schluss

Schneide ein Stück Borte ab, das vom Umfang her um den Deckel der Schachtel passt, und klebe sie mit Klebstoff um den Deckel. Lasse den Klebstoff vollständig trocknen und fülle die mit dem Motivstanzer verzierten Gruß-karten und Umschläge in die Schachtel.

Papier-Grußkarten

Motivstanzer gibt es in vielen verschiedenen Größen und mit unterschiedlichen Motiven. Wir haben einen Blumen-Motivstanzer verwendet, um diese hübschen Grußkarten damit zu verzieren. Anschließend haben wir die ausgestanzten Blumen genommen, um damit die Schachtel zu schmücken. Das ergibt ein schönes Geschenk.

Landschafts-Collage

Nimm Papier-, Tonkarton- und Seidenpapierstücke, um daraus diese fröhliche Collage zu gestalten, die eine Landschafts-Szene zeigt – komplett mit Bäumen, Blumen und einem kleinen Häuschen. Du kannst auch Stoff- oder Schleifenbandabschnitte oder Knöpfe nehmen, wenn dir das besser gefällt.

DAS BRAUCHST DU:

Papier (für die Schablone) • Tonkarton in Grün, 50 cm x 50 cm und Blau, 50 cm x 25 cm • Tonkartonreste in Braun und Grau • Papier in verschiedenen Farben • Seidenpapier in Grün • Knöpfe in verschiedenen Farben • Acrylfarbe in Weiß, Orange und Schwarz • Weißleim oder Klebstoff • Bleistift • Schere • Pinsel

Hütte ausschneiden

Zunächst klebst du das blaue Papier auf den Tonkarton und lässt es trocknen. Kopiere danach die Haus- und die Dachvorlage von Seite 123 und schneide sie mit der Schere aus. Lege die so entstandenen Schablonen auf den Tonkarton und umfahre sie mit Bleistift. Schneide die beiden Teile nun mit der Schere aus und klebe das Haus samt Dach mitten auf den Tonkarton.

Bäume arbeiten

Jetzt schneidest du zwei Baumstämme aus braunem Tonkarton aus und klebst diese rechts und links des Hauses auf. Für die Blätter knüllst du kleine Stücke von dem grünen Seidenpapier zu Kugeln und klebst diese so auf, dass sie eine ovale Baum-Form bilden.

Weiter ausschmücken

Schneide aus dem einfarbigen und dem gemusterten Papier Blätter und Blütenblätter aus und klebe diese unten auf die Collage. Damit sie besser wirken, klebst du sie in Gruppen auf. Zum Schluss versiehst du jede Blume in der Mitte mit einem bunten Knopf.

Zum Schluss

Mit Farbe und einem Pinsel fügst du weitere Details zu der Collage hinzu. Male Dachziegel, Fenster und eine Tür auf die Hütte sowie Vögel und duftig-weiße Wolken in den Himmel. Wenn die Collage fertig ist, kannst du sie, falls nötig, auf festen Karton kleben, damit sie stabil genug zum Aufhängen wird.

DAS BRAUCHST DU:

Papprollen • Zackenlitzen und
Schleifenbänder in verschiedenen
Farben • Knöpfe in verschiedenen
Farben • Weißleim oder Klebstoff •
Schere • Lineal • Farbe • Pinsel

Armband ausschneiden

Schneide die Papprolle mit einer Schere gerade
auf. Dann misst du von unten aus gesehen
ungefähr 5 cm ab und schneidest hier, um ein
einzelnes Armband zu bekommen.

Armband anmalen
Nun malst du den Rollen-Abschnitt
sowohl innen wie auch außen in der gewählten Farbe an und lässt ihn gut
trocknen. Für eine bessere Farbabdeckung musst du ihn vielleicht ein
zweites Mal anmalen und wieder trocknen lassen. Du kannst auch Muster,
wie zum Beispiel Blumen oder Tupfen, auf die Rolle malen, bevor du sie
mit Knöpfen und der Litze verzierst.

Armband verzieren
Schneide von dem Schleifenband und der Zackenlitze
so viel ab, dass es um den Umfang des Armbandes passt. Trage der Länge nach Klebstoff auf
das Band und die Litze auf und klebe diese auf. Presse die Bänder fest an, damit keine
Falten entstehen, und lass das Ganze vollständig trocknen.

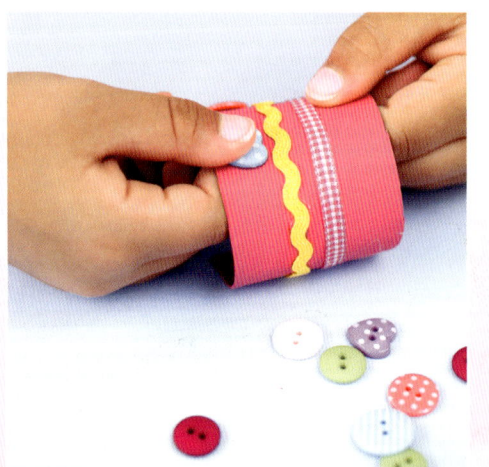

Zum Schluss
Sobald der Klebstoff
vollständig getrocknet ist, klebst du am oberen
und unteren Rand des Armbandes Knöpfe auf.
Wenn du dafür eine Heißklebepistole nehmen
willst, bitte einen Erwachsenen, dir zu helfen,
da der Klebstoff sehr heiß ist.

Papprollen-Armbänder

Diese hübschen Armbänder werden aus Toilettenpapierrollen gemacht. Diese geben großartige Armbänder ab, wenn sie in leuchtenden Farben angemalt und mit Schleifenbändern und Knöpfen verziert werden. Sie sind eine tolle Bastelidee für einen Kindergeburtstag – kleine Mädchen werden sich riesig darüber freuen, wenn sie sie mit nach Hause nehmen dürfen.

Falten

Origami-Wale

Diese lustigen Wale werden mit einer sehr einfachen Origami-Technik gemacht. Arbeite sie zum Beispiel in unterschiedlichen Größen, um eine ganze Wal-Schule zum Spielen zu haben. Für dein eigenes blaues Meer malst du ein strukturiertes, handgeschöpftes Blatt Papier an.

DAS BRAUCHST DU:

Faltpapier in Lila, 20 cm x 20 cm (für den großen Wal) • Filzstift in Schwarz • Schere

Papier zurechtschneiden

Lege das Papier in Rautenform flach auf den Tisch, wobei eine Spitze in deine Richtung zeigt. Falte die beiden oberen Außenkanten so zur Mitte, dass sie sich treffen. Streiche die Ränder glatt. Falte die untere Spitze so nach oben, dass sie auf die Unterkante der anderen beiden Faltungen trifft.

Körper falten Jetzt faltest du das Papier entlang der zentralen Mittellinie mittig zusammen, wobei die bereits existierenden Papierfalten innen liegen. Fahre die gefalteten Ränder fest nach.

Schwanzflosse falten Nun misst du von der hinteren Spitze aus ungefähr ein Drittel der Länge des Körpers ab. An dieser Stelle faltest du die Schwanzflosse im rechten Winkel nach oben, um sie zu formen. Dann faltest du die Schwanzflosse auf die andere Seite.

Zum Schluss Öffne den Wal und schiebe die Flosse nach oben in den Körper. Schneide die Schwanzflosse nun von oben mit der Schere ungefähr 2 cm ein, damit du diese nach außen falten kannst, um kleine Flossen zu bilden. Jetzt kannst du mit dem Stift Augen aufmalen oder selbstklebende Wackelaugen aufkleben.

DAS BRAUCHST DU:

Papier (für die Schablone) • Papier in Weiß (z. B. Packpapier oder Tapete von der Rolle) • Musterpapiere in verschiedenen Farben • Weißleim oder Klebstoff • Filzstifte in Rot und Pink (für die Gesichter) • Karoband in Pink-Weiß, 5 mm breit (für die Schleifen) • Schere • Bleistift

Schablone arbeiten Kopiere zunächst die Puppen-Vorlage von Seite 123 und schneide sie aus. Lege das Papier in Ziehharmonikafalten, wobei jeder Abschnitt so breit wie die Vorlage sein sollte. Danach legst du die Schablone auf das gefaltete Papier und malst die Konturen nach. Achte dabei darauf, dass die Hände der Puppe jeweils bis zu den gefalteten Rändern reichen.

Ausschneiden Schneide die Papierpuppe nun vorsichtig mit der Schere aus. Achte dabei darauf, dass du an den Faltkanten nicht an den Stellen schneidest, wo sich die Hände und die Säume der Kleider berühren. So reichen sich die Puppen über die ganze Länge hinweg die Hände, auch wenn sie ausgeschnitten sind.

Verzieren Übertrage das Kleid, die Schuhe und die Hände von der Vorlage auf die Rückseite der Musterpapiere und schneide pro Puppe ein Outfit aus. Nun trägst du etwas Klebstoff auf die Rückseiten der ausgeschnittenen Teile auf und klebst sie auf die Puppen. Streiche das Ganze mit den Händen glatt. Wir haben bei jeder Puppe unterschiedliche Papiere für das Kleid, die Schuhe und die Hände gewählt.

Zum Schluss Mit den Filzstiften malst du Augen, eine Nase und einen Mund auf das Gesicht jeder Papierpuppe. Wenn du willst, rötest du auch ihre Wangen. Binde das Karoband zu kleinen Schleifen und klebe diese zum Schluss auf die „Zöpfe" der Puppen.

Papierpuppen-Kette

Diese niedliche, traditionelle Papierpuppen-Kette wurde aus gefalteten Papierlagen ausgeschnitten, mit Kleidern und Schuhen aus Musterpapieren verziert und zum Schluss mit aufgemalten Gesichtern und gebundenen Schleifen versehen. Damit kannst du ein Regal verzieren oder du hängst sie wie eine Girlande auf.

Gefalteter Papierfächer

Dieser mit Blumen, Schleifenbändern und Glitter verzierte
Fächer wurde aus einem gefalteten Papierstreifen gemacht.
Er wird mithilfe von zwei langen Stäben zusammengehalten
und kann auch als dekorativer Wandschmuck dienen.

DAS BRAUCHST DU:

Papier in Orange, 20 cm x 140 cm (evtl. mehrere Teile aneinanderkleben) • 2 Holzleisten, 2,5 cm breit, 40 cm lang • 6 Stücke Schleifenband in verschiedenen Farben, 1 cm breit, 30 cm lang • Filzstift in Rot • Glitter in Gold • Weißleim oder Klebstoff

Papier falten

Lege das Papier flach auf den Tisch vor dich hin. Fange mit dem Ende an, das dir am nächsten liegt, und lege es in etwa 2,5 cm breite Ziehharmonika-Falten. Streiche jede Falte flach. Lege das gefaltete Papier vielleicht über Nacht unter ein schweres Buch, um es so flach wie möglich zu pressen.

Blumen malen

Nun öffnest du das Papier wieder, sodass es fast flach vor dir liegt. Male mit dem Filzstift in gleichmäßigen Abständen Blumen auf das Papier, trage auf die Mitte von fünf, sechs Blumen etwas Klebstoff auf und streue Glitter darüber. Schüttle den überschüssigen Glitter ab und bewahre ihn für die restlichen Blumen auf.

Weiter verzieren

Fahre damit fort, bis alle Blumenmitten mit Glitter versehen sind, und lasse den Klebstoff vollständig trocknen. Du kannst den Fächer noch weiter ausschmücken, wenn du magst, zum Beispiel mit Blättern oder anderen aufgemalten Verzierungen.

Zum Schluss

Nun legst du die zwei Holzleisten zusammen und klebst die beiden Enden des gefalteten Papiers auf die Seiten der Leisten. Lasse den Klebstoff trocknen. Zum Schluss klebst du jeweils drei Stücke Schleifenband an das obere Ende jedes Stabes.

DAS BRAUCHST DU:

Papier (für die Schablone) • Tonkarton in Orange, Blau oder Grün, A4 • Musterpapier in Orange, Blau oder Grün, 15 cm x 15 cm (wir haben Origami-Papiere verwendet) • Filzstift in Schwarz • Schere • Bleistift • Radiergummi

Schablone arbeiten Zunächst kopierst du die Vogel-Vorlage von Seite 118 und schneidest sie aus. Lege die so entstandene Schablone auf ein Stück farbigen Tonkarton und umfahre sie mit Bleistift.

Vogel ausschneiden Nun schneidest du den Vogel vorsichtig mit der Schere aus und entfernst anschließend eventuelle Bleistiftstriche auf der Rückseite der ausgeschnittenen Vögel mit einem Radiergummi.

Flügel falten Für die Flügel nimmst du jetzt ein Stück von dem quadratischen Musterpapier. Fange mit der Seite an, die dir am nächsten liegt, und falte es ziehharmonikaartig zusammen, wobei jede Falte ungefähr 2 cm breit sein sollte. Streiche jede Falte glatt.

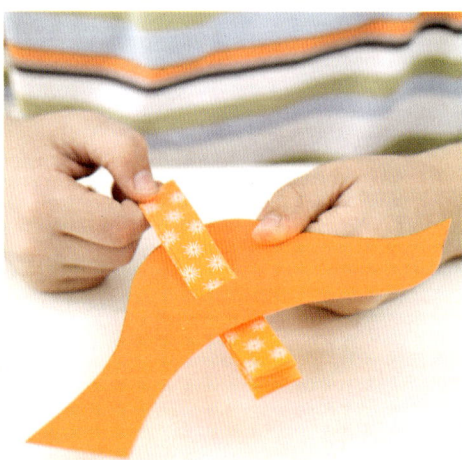

Zum Schluss Um die Flügel einschieben zu können, machst du genau wie auf der Vorlage gezeigt einen Schlitz in den Vogelkörper. Schiebe das gefaltete Flügel-Teil durch den Schlitz und öffne die Falten danach etwas, um die Flügel des Vogels zu erhalten. Zum Schluss malst du die Augen des Vogels mit dem Filzstift auf.

Papiervögel

Diese zarten Vögel sehen großartig aus, wenn sie aus farbigem Tonkarton gearbeitet werden und fröhlich gemusterte Flügel bekommen. Aus weißem Papier für eine Hochzeit oder Taufe bzw. aus grünem oder rotem Papier als Christbaumschmuck sehen die Vögel auch schön aus.

Papierflieger

Papierflieger zu falten ist eine der bekanntesten Papiertechniken. Besonders Jungs lieben sie und können stundenlang damit spielen. Lehrer hingegen finden sie weniger toll, vor allem, wenn sie mitten im Unterricht plötzlich aus dem Nichts angeflogen kommen!

DAS BRAUCHST DU:

Faltpapier in Lila, A4 • Filzstifte in verschiedenen Farben • Bleistift • Lineal

Erste Faltung machen

Lege das Papier waagerecht vor dich hin. Mithilfe eines Lineals markierst du die Mitte des Papiers. Wenn nötig, zeichnest du eine blasse Hilfslinie auf. Dann faltest du eine der Ecken, die am nächsten an dir dran ist, zu der Hilfslinie. Streiche die Faltkante fest nach. Wiederhole das Ganze mit der anderen Ecke und streiche auch diese Falte fest mit deinen Fingern nach.

Papier nach innen falten
Die Faltungen liegen oben. Falte jetzt die Ränder wieder zur Mittellinie und streiche die so entstandenen Faltungen glatt.

Weiterfalten
Wende das Papier, falte es in der Mitte zusammen und streiche das Ganze glatt. So entsteht die Grundform des Flugzeugs.

Zum Schluss
Kneife den unteren Teil des „Flugzeugs" zwischen deinen Fingern zusammen und öffne die „Flügel" so, dass sie eine flache, waagerechte Oberseite ergeben. Danach verzierst du, wenn du magst, die Flügel deines Flugzeugs mit Buntstiften. Jetzt kann dein Flieger starten!

DAS BRAUCHST DU:

Origimi-Papier in Lila-Weiß gepunktet, ca. 20 cm x 20 cm • Filzstifte in verschiedenen Farben

Ecken nach innen falten

Falte das Papierquadrat in einer Richtung mittig zusammen und wieder auf. Drehe es um 90 Grad und wiederhole das Ganze. Danach faltest du jede Ecke des Papiers in die Mitte und streichst die Faltungen glatt, indem du mit deinen Fingern über die Faltlinien fährst.

Andere Seite falten Wende das Papier auf die andere Seite. Dann faltest du wieder jede Ecke zur Papiermitte und streichst die Ränder vorsichtig mit deinen Fingern flach.

Zur Hälfte falten Falte das Papier entlang des geraden Randes zur Hälfte und streiche es glatt. Öffne es wieder. Jetzt faltest du es in der anderen Richtung mittig zusammen und öffnest es wieder. Du hast jetzt vier Laschen. Stecke deine Daumen und Zeigefinger in die Laschen, um das Himmel-und-Hölle-Spiel öffnen und schließen zu können.

Zum Schluss Öffne das Himmel-und-Hölle-Spiel wieder. Schreibe mit einem Stift vier Zahlen (oder Farben) oben auf die Lasche. Jetzt wendest du das Papier so, dass du die acht dreieckigen Laschen innen siehst. Schreibe oben auf jede Lasche eine Zahl und innen hinein einen Schicksalsbegriff, wie „Glück", „Liebe", „Erfolg" etc.

Himmel und Hölle

Mit dem Himmel-und-Hölle-Spiel aus Papier
hast du viel Spaß mit deinen Freunden. Jede
Lasche ist nummeriert und verbirgt im Inneren
ein Schicksal. Arbeite es aus hübschem Musterpapier, wie zum Beispiel aus Origami-Papier,
das es in tollen Designs zu kaufen gibt.

Party-Spitztüten

Diese Tonpapiertüten mit Henkeln werden mit hübschen Schmuckbändern verziert und eignen sich hervorragend als Geschenk-Tüten für eine Party, besonders dann, wenn sie mit leckeren Süßigkeiten gefüllt werden. Für Halloween kannst du sie auch aus schwarzem und orangefarbenem Tonkarton machen.

DAS BRAUCHST DU:

großen Essteller (als Schablone) • Tonkarton in verschiedenen Farben, 30 cm x 30 cm (pro Tüte) • Zackenlitze in verschiedenen Farben • Süßigkeiten und Schokolade (zum Befüllen) • Weißleim oder Klebstoff • Heftgerät Bleistift • Schere

Form aufmalen Zeichne mithilfe des Tellers einen Halbkreis auf den Tonkarton. Schneide diesen mit der Schere aus und halbiere ihn. Pro Spitztüte brauchst du einen Tonkarton-Halbkreis. Außerdem musst du für jede Tüte einen 2 cm breiten und 20 cm langen Henkel ausschneiden.

Tüte einrollen Nun rollst du den Karton zu einer Tüte ein. Achte dabei darauf, dass du das spitze Ende gut mit einer Hand festhältst. Mit dem Heftgerät tackerst du die Tüte nun oben zusammen. Das geht vielleicht einfacher, wenn ein Erwachsener dabei die Tüte für dich hält.

Litze aufkleben Danach misst du den oberen Rand aus und schneidest ein Stück Zackenlitze in der passenden Länge zu. Trage auf eine Seite der Litze Klebstoff auf und klebe diese oben um die Tüte, und zwar ca. 1 cm unterhalb des Randes. Drücke die Litze mit deinen Fingern an und lasse den Klebstoff trocknen.

Zum Schluss Gib oben und unten einen Tropfen Klebstoff auf den Henkel-Streifen. Klebe diesen in den inneren Rand der Tüte und drücke ihn dort gut an. Zum Schluss füllst du die Tüten z. B. mit verschiedenen Süßigkeiten und kleinen Schokokugeln.

DAS BRAUCHST DU:

Papier in Hell- und Dunkelgrün •
Chenilledraht in Grün • 2 Wackelaugen •
Filzstift in Schwarz • Schere • Klebestift •
evtl. Heftgerät

Streifen zusammenkleben

Schneide zwei 2,5 cm breite und 30 cm lange
Papierstreifen zu, einen in jeder Farbe. Lege die
beiden Streifen flach vor dich hin, wobei sich
die Enden im rechten Winkel überlappen. Nun
klebst du die beiden Enden zusammen, drückst
sie fest aufeinander und lässt den Klebstoff
trocknen.

Mit dem Falten beginnen
Wenn der Klebstoff
vollständig getrocknet ist, faltest du den unteren Papierstreifen so
über den anderen, dass dieser wieder flach im rechten Winkel über
ihm liegt. Mache so lange weiter, bis du am Ende der Streifen
angekommen bist. Zum Schluss schneidest du die Enden der Streifen
eventuell ab, damit sie ein richtig schönes Viereck ergeben.

Enden zusammenkleben
Klebe die Enden der Raupe zusam-
men. Presse sie dabei fest zusammen und lasse den Klebstoff vollständig trocknen.
Vielleicht findest du es auch einfacher, die Enden der Raupe zusammenzutackern.
Denke aber daran, dass man in dem Fall die Heftklammern immer sehen wird.

Zum Schluss
Klebe die Wackel-
augen auf ein Ende der Raupe und male
mit dem Stift die Nase und die Augen auf.
Schneide zwei ca. 4 cm lange Chenille-
drahtstücke ab, trage jeweils einen Topfen
Klebstoff auf ein Ende auf und klebe sie
zum Schluss oberhalb der Augen in die
Papierlaschen.

Freche Raupe

Diese poppige, kleine Raupe wird aus zwei zusammengefalteten Papierstreifen gemacht und zum Schluss mit großen Wackelaugen und Chenilledraht-Fühlern versehen.

Piratenhut

Dieser witzige Piratenhut wird aus schwarzem Papier gemacht – und zwar einfach, indem ein Blatt Papier gefaltet wird. Verziert haben wir ihn mit aufgestempelten Totenköpfen und gekreuzten Knochen.

DAS BRAUCHST DU:

Tonpapier in Schwarz, A2 •
Tonkartonreste in Weiß oder Grau •
Stempel mit Totenkopf und
gekreuzten Knochen • Stempel-
kissen in Schwarz • Bleistift •
Weißleim

Mit dem Falten beginnen

Lege das Papier auf eine glatte Oberfläche,
und zwar so, dass eine kurze Seite in deine
Richtung zeigt. Falte das Papier entlang der
langen Seite wie ein Buch zusammen.
Streiche das Ganze glatt. Jetzt klappst du das
Papier wieder auf und faltest es anders
herum wieder zusammen – also den oberen
Rand auf den unteren. Streiche es wieder
glatt.

Mit dem Falten fortfahren   Falte die oberen
Ecken nach innen und unten auf die Mittellinie. Streiche das Ganze
mit deinen Fingern glatt. Jetzt solltest du schon die Hutform
erkennen können.

Krempe falten   Du arbeitest jetzt an der oberen Seite des Hutes. Falte den unteren
Rand so nach oben, dass er auf den unteren Rand der Dreiecke trifft. Falte ihn entlang dieser
Kante danach noch einmal nach oben. Drehe den Hut herum und wiederhole das Ganze auf der
anderen Seite. So entsteht die Krempe. Wenn du willst, kannst du jedes Ende der Krempe innen
mit einem Tropfen Klebstoff oder etwas Klebefilm versehen, um sie aneinander zu fixieren.

Fertigstellen   Schneide drei Papierkreise mit
einem Durchmesser von ungefähr 7 cm aus. Nun
stempelst du mithilfe des Stempels und des Stempel-
kissens den Totenkopf und die gekreuzten Knochen
auf und lässt diese vollständig trocknen. Wenn du
keinen solchen Stempel hast, kannst du das Motiv
auch frei von Hand auf die Kreise malen. Zum Schluss
klebst du diese Abzeichen vorne auf den Piratenhut.

DAS BRAUCHST DU:

Papier (für die Schablone) • 8 verschiedene Musterpapiere, A4 (pro Glocke) • Schleifenband in entsprechender Farbe, 4 mm breit • Klebestift • Bastelkleber • Perlen in entsprechenden Farben und Formen • Nylonfaden • Schere • Bleistift

Schablone arbeiten

Kopiere die Glockenvorlage von Seite 119 und schneide sie mit der Schere aus. Lege die so entstandene Schablone auf die Rückseite des Musterpapiers und fahre die Umrisse mit Bleistift nach.

Glocken ausschneiden

Nun schneidest du die Glocken mithilfe der Schere vorsichtig aus. Für eine fertige brauchst du acht ausgeschnittene Glocken. Am leichtesten geht es, wenn du alle Glocken in einem Rutsch ausschneidest.

Ausgeschnittene Glocken falten

Falte jede Glocke der Länge nach zusammen, dabei soll das Muster innen liegen. Klebe eine Glockenhälfte auf eine Hälfte der nächsten Glocke (Rückseite an Rückseite) und streiche das Ganze mit deinen Fingern glatt. Fahre damit fort, die Glocken zusammenzukleben, und streiche sie dabei jedes Mal fest.

Zum Schluss

Wenn du zu den letzten beiden Glocken kommst, schneidest du ein Stück Schleifenband ab und klebst dieses mit Bastelkleber auf einer Seite oben fest. Fädle drei Perlen auf den Nylonfaden, verknote ein Ende und klebe das andere unten in die Glocke. Klebe dann die letzten beiden Seiten der Glocke zusammen und lasse sie trocknen.

Papierglocken

Für diese dekorativen Papierglocken werden acht
ausgeschnittene Glockenformen zusammenge-
klebt. Sie sehen großartig aus, wenn man dafür
Papiere in Pastelltönen verwendet. Als festliche
Weihnachtsdeko können sie aber auch in Silber
und Gold gearbeitet werden.

Chinesischer Drachen

Diesen auffälligen und spektakulären Drachen machst du aus einem gefalteten Tonkartonstreifen sowie einem Kopf und einem Schwanz aus Tonkarton. Verziert wird er mit Streifen aus farbenfrohem Seidenpapier.

DAS BRAUCHST DU:

Papier (für die Schablone) • Tonkarton in Gelb, 20 cm x 75 cm und Rot, 2 x A4 • Acrylfarbe in Rot, Weiß und Orange • 2 Holzstäbe, ø 5 mm, ca. 50 cm lang • Seidenpapier in verschiedenen Farben • Schleifenbänder in Gelb und Orange • feiner Pinsel • Bleistift • Schere, evtl. Cutter • Weißleim oder Alleskleber • Bastelkleber oder Heißklebepistole

Körper arbeiten Lege das große Stück Tonkarton auf den Tisch, und zwar so, dass eine kurze Seite in deine Richtung zeigt. Falte das Papier in fünf gleich große Abschnitte, indem du den Tonkarton jedes Mal wendest, damit ein Ziehharmonikaeffekt entsteht. Mit dem Pinsel und roter Farbe malst du nun unterschiedlich große Tupfen auf den Tonkarton. Lasse die Farbe vollständig trocknen.

Kopf und Schwanz ausschneiden

Kopiere die Drachen-Vorlagen von Seite 122 und schneide sie mit der Schere aus. Lege die so entstandenen Schablonen auf den roten Tonkarton und umfahre sie mit Bleistift. Schneide vorsichtig das Auge des Drachen heraus (leichter geht das vielleicht, wenn das ein Erwachsener mit einem Cutter macht).

Kopf und Schwanz verzieren Mit dem Pinsel und der Farbe verzierst du wie gewünscht den Kopf und den Schwanz deines Drachens. Wenn die Farbe ganz trocken ist, klebst du den Kopf auf ein Ende des gefalteten Tonkartons und den Schwanz auf das andere. Klebe die Holz-stäbe mit Bastelkleber oder mit der Heißklebepistole (am besten macht das ein Erwachsener) auf die Rückseiten des Tonkartons, wobei jeder davon an einem Ende des gefalteten Körperstreifens fixiert wird.

Zum Schluss Nun schneidest du schmale Streifen aus dem Seidenpapier aus und klebst sie neben das Maul des Drachens auf die Rückseite des Tonkartons. So entsteht der „Feueratem". Zum Schluss klebst oder knotest du Schleifenbandstücke an die Holzstäbe.

DAS BRAUCHST DU:

Papier (für die Schablone) • Tonkarton in Gelb oder Grün, A5 • verschiedene Wasserfarben • Pinsel • Schere • Bleistift • Radiergummi

Schablone arbeiten

Kopiere die Christbaumvorlage von Seite 119 und schneide sie mit der Schere aus. Lege die so entstandene Schablone entlang der geschlossenen Kante des gefalteten Tonkartons auf. Umfahre die Schablone anschließend mit Bleistift.

Baum ausschneiden

Schneide mit der Schere vorsichtig die Baumform aus. Achte dabei darauf, dass du die beiden Stellen, die unten auf der Vorlage markiert sind, nicht durchschneidest. Diese beiden Stellen sorgen dafür, dass der Pop-up-Baum mit der Karte verbunden bleibt. Wenn du es zu schwer findest, den Baum auszuschneiden, kannst du einen Erwachsenen um Hilfe bitten.

Baum nach außen falten

Öffne die Karte vorsichtig und drücke den Baum dabei so nach vorne, dass er von der Karte absteht und der 3-D-Effekt entsteht. Jetzt erkennst du, wie wichtig es ist, dass die zwei Stellen nicht durchgeschnitten werden, weil der Baum nur so mit der Karte verbunden bleibt.

Zum Schluss

Mit einem feinen Pinsel malst du Tupfen auf den Christbaum, die dessen Dekoration darstellen. Um die Karte fertigzustellen, malst du unten um den Baum einzelne Geschenke. Wer es besonders festlich haben will, verziert die Karte noch mit Glitter.

Pop-up-Karten

Diese festlichen 3-D-Karten sind leicht und schnell gemacht. Probiere verschiedene Motive für viele Gelegenheiten aus, einschließlich Weihnachten und Ostern. Auf diese Art und Weise kannst du auch tolle Geburtstags- oder Dankes-Karten für deine Familie und Freunde arbeiten.

Magnetische Lesezeichen

Diese praktischen und schönen Lesezeichen werden aus den geknickten Rändern von Frühstücksflocken-Verpackungen ausgeschnitten. Sie werden mit hübschen Papieren versehen und ihre Ränder mithilfe einer Zackenschere verziert.

DAS BRAUCHST DU:

leere Frühstücksflocken-Verpackung •
verschiedene Musterpapiere (wir
haben Geschenkpapier genommen) •
Klebestift • Zackenschere • selbstklebende Magnete • Schere

Verpackung zerschneiden

Schneide ein rechteckiges Stück aus der Frühstücksflocken-Verpackung. Schneide dabei quer
durch den geknickten Rand, sodass du ein etwa
10 cm x 5 cm großes Stück erhältst, in dessen
Mitte eine Faltkante verläuft. Das ist dein
Lesezeichen.

Musterpapier aufkleben

Schneide aus dem Muster-
papier ein Stück aus, das von der Größe her deinem Lesezeichen entspricht.
Lege das Lesezeichen flach auf den Tisch und klebe mit Klebestift vorne das
Musterpapier auf. Streiche das Papier fest auf, damit es an den Rändern gut
hält, und lasse den Klebstoff vollständig trocknen.

Mit der Schere verzieren

Beschneide mit der Zacken-
schere oder einer Zierrandschere alle Ränder des Lesezeichens. Wenn du es
schwierig findest, den Karton zu schneiden, dann bitte einen Erwachsenen
darum, dir zu helfen.

Zum Schluss

Ziehe das Schutzpapier
von den Magneten ab und klebe jeweils einen
auf jede Seite des zusammengefalteten Lesezeichens. Drücke sie fest an. Die Magnete halten das Lesezeichen an der richtigen Stelle fest.
Wenn du die Lesezeichen Freunden oder je-
mandem aus der Familie schenkst, dann kannst
du vorne noch deren Namen draufschreiben.

DAS BRAUCHST DU:

Musterpapier (wie zum Beispiel
Geschenkpapier) • Knopf •
Broschenklammer aus Metall •
Weißleim oder Alleskleber •
Bastelkleber, evtl. Heißklebepistole •
Bleistift • Lineal • Schere

Papierstreifen ausschneiden

Zeichne mithilfe des Lineals und eines Bleistifts vier 1,5 cm breite und 20 cm lange Streifen auf die Rückseite des Musterpapiers. Schneide die Streifen mit der Schere aus. Lege die Streifen danach überlappend, mit der gemusterten Seite nach unten, auf eine glatte Oberfläche, und zwar so, dass sie eine Sternform bilden.

Streifen zu Schlaufen legen und festkleben

Falte ein Ende eines Streifens so nach innen zur Mitte, dass er eine Schlaufe bildet, und klebe ihn mit Klebstoff fest. Wiederhole den Vorgang mit den anderen Streifen, sodass eine Schlaufen-Blume entsteht, und lasse den Klebstoff vollständig trocknen.

Knopf fixieren

Wenn der Klebstoff vollständig getrocknet ist, klebst du in die Mitte der Ansteckblume einen hübschen Knopf. Drücke ihn gut an, damit er an Ort und Stelle bleibt.

Zum Schluss

Drehe die Ansteckblume um und klebe hinten mit Bastelkleber die metallene Broschennadel auf. Wenn du hierfür Heißkleber nehmen willst, dann bitte einen Erwachsenen darum, dir zu helfen, da dieser Klebstoff sehr heiß wird.

Ansteckblume
aus Papier

Diese hübsche Ansteckblume ist aus tollen
Musterpapier-Streifen gearbeitet, die zu
Schlaufen gelegt und in der Mitte zusammen-
geklebt werden. Wenn du sie aus glitzerndem
Papier machst, kannst du damit auch ver-
packte Weihnachtsgeschenke verzieren.
Hübsch sehen sie auch aus, wenn du dafür
Stoffe nimmst, zum Beispiel
aus Wolle oder Filz.

Malen & drucken

Gestempeltes Geschenkpapier

Mit einem hübschen Stempel und einem Stempelkissen kannst du ganz einfach Geschenkanhänger, Karten und dein eigenes Geschenkpapier gestalten. Wir haben ein altmodisches Doppeldeckerflugzeug-Motiv gewählt, das wir auf einfaches weißes Kopierpapier gestempelt haben, um dieses raffinierte Geschenkpapier zu machen.

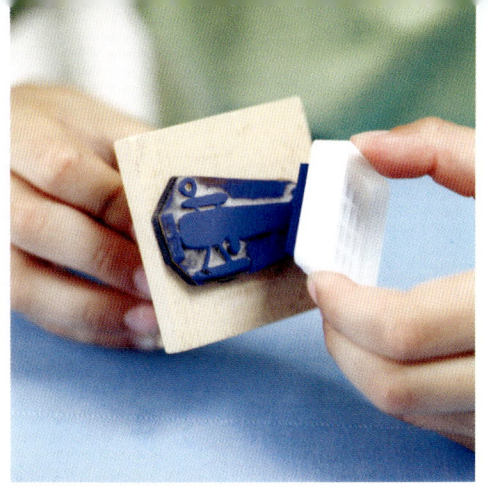

DAS BRAUCHST DU:

Stempel mit einem Motiv deiner Wahl •
Stempelkissen in Blau oder Weiß •
einfaches Kopierpapier in Weiß •
Tonkarton in Weiß • Schleifenband in
Rot, 1 cm breit (für den Geschenkan-
hänger) • Schere • Locher

Tinte auf den Stempel auftragen
Halte den Stempel in einer Hand und tupfe Tinte darauf auf. Trage gerade genug Tinte auf, um damit das Motiv zu bedecken.

Mit dem Stempeln beginnen
Drücke den Stempel auf das Papier. Achte darauf, dass du damit nicht verrutschst, wiege den Stempel aber gleichzeitig leicht von einer Seite zur anderen, sodass die Tinte gleichmäßig auf das Papier übertragen wird. Stemple das Motiv in regelmäßigen Abständen auf, bis das Papier mit dem Motiv bedeckt ist.

Geschenkanhänger arbeiten
Schneide für die Geschenkanhänger aus dem weißen Tonkarton kleine, etwa 7 cm x 4 cm große Rechtecke aus. Schneide die beiden oberen Ecken im rechten Winkel ab und stanze mit dem Locher oben ein Loch ein. Mit dem Stempel stempelst du auf jeden Anhänger ein Flugzeug-Motiv.

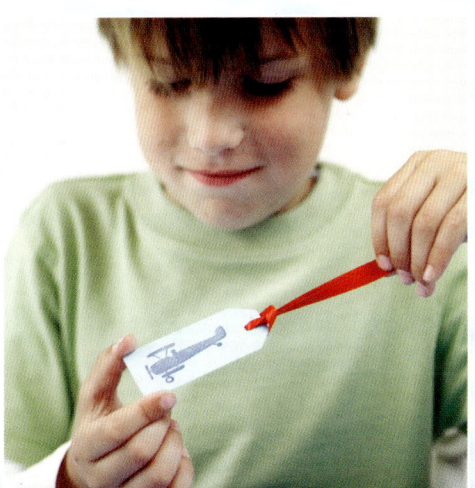

Zum Schluss
Sobald die Tinte getrocknet ist, fädelst du das Schleifenband durch das Loch des Geschenkanhängers, um diesen fertigzustellen.

DAS BRAUCHST DU:

Tonkarton in Weiß, A5 • mittelgroße Kartoffel • Ausstechförmchen in Herz-Form • Schneidebrett • scharfes Messer • Acrylfarbe in Rosa • Unterteller (für die Farbe) • Zierrandschere: Wellen • Papiertücher • Papierblumen in Rosa • Bastelkleber

Motiv mithilfe des Ausstechers ausschneiden

Bitte einen Erwachsenen darum, die Kartoffel zu halbieren. Dabei darauf achten, dass die Schnittfläche der Kartoffel so gerade wie möglich wird. Lege das Ausstechförmchen auf das Schneidebrett und zwar mit der scharfen Seite nach oben. Drücke die Kartoffel nun nach unten auf das Ausstechförmchen. Bitte einen Erwachsenen darum, die überschüssige Kartoffel mit einem scharfen Messer abzuschneiden. Entferne danach das Ausstechförmchen.

Farbe auftragen
Wenn die Kartoffel feucht ist, tupfst du sie auf einem Papiertuch ab. Gib etwas Farbe auf einen Unterteller und dippe die Kartoffel in die Farbe. Achte darauf, dass das ganze Motiv mit Farbe bedeckt ist, aber dass die Kartoffel gleichzeitig nicht zu tief in die Farbe sinkt.

Auf den Tonkarton stempeln
Drücke den Kartoffel-Stempel fest auf den Tonkarton. Um zu gewährleisten, dass das ganze Motiv sauber aufgestempelt wird, machst du leicht wiegende Bewegungen, wobei du die Kartoffel von einer Seite zur anderen bewegst, ohne sie dabei vom Papier abzunehmen. Das hilft, die Farbe gleichmäßig aufzutragen. Stemple ein zweites Herz auf den Tonkarton und lasse die Farbe trocknen.

Letzte Feinheiten
Zum Schluss, wenn die Farbe getrocknet ist, klebst du jeweils oben auf jedes Herz eine Papier-Rose. Lasse den Klebstoff vollständig trocknen, bevor du die Karte schreibst.

Valentins-Karte

Der Kartoffeldruck ist eine sehr beliebte Basteltechnik, die fast für alles verwendet werden kann – vom Geschenkpapier über Karten bis hin zu Stoff (wenn Stoffmalfarbe verwendet wird). Wir haben ein Herz-Motiv ausgewählt, das wir mithilfe eines Ausstechförmchens ausgeschnitten haben, und damit diese hübschen Valentins-Karten gearbeitet.

Pappteller-Tiere

Pappteller sind ein vielseitiges Material und dürfen in keinem Bastelschrank fehlen. Ganz besonders lassen sich großartige Masken aus ihnen machen. Diese niedliche Löwenmaske, die mit einer Pompon-Nase versehen wird, ist hier nur ein Beispiel. Auf der nächsten Doppelseite findest du noch mehr witzige Ideen, in was sich Pappteller alles verwandeln lassen.

DAS BRAUCHST DU:

Pappteller • Acrylfarbe in Braun und Gelb • verschiedene Pinsel • Unterteller (für die Farbe) • Pompon in Braun, ø 2 cm (für die Nase) • Holzstab, ø 5 mm, 30 cm lang • Bleistift • Schere oder Cutter • Bastelkleber

Teller anmalen Trage mit einem großen Pinsel gelbe Farbe auf den ganzen Teller auf. Für eine vollständige Farbabdeckung musst du das vielleicht zweimal machen. Lasse die Farbe vollständig trocknen.

Mähne ausschneiden Für die Mähne zeichnest du mit dem Bleistift Dreiecke auf den Rand des Tellers. Schneide die Dreiecke vorsichtig mit der Schere aus. Zeichne auch zwei längliche Augen auf und schneide diese mit der Schere aus. Wenn du willst, kannst du auch einen Erwachsenen darum bitten, die Augen mit einem Cutter auszuschneiden.

Farbe auftragen Mit der braunen Farbe malst du die Mähne sowie einen ungefähr 2,5 cm breiten Rand auf den Teller auf. Falls nötig, trägst du eine zweite Farbschicht auf.

Letzter Schliff Die Schnauze des Löwen malst du mit einem feinen Pinsel auf. Sobald die Farbe getrocknet ist, klebst du die Löwen-„Nase" auf. Trage dafür einen Tropfen Klebstoff auf den Pompon auf und klebe ihn über der Schnauze an. Mit Bastelkleber befestigst du den Holzstab auf der Rückseite der Maske.

Eule

Diese niedliche Eule wurde aus einem großen und einem kleinen Pappteller gemacht, die dunkelbraun angemalt werden. Oben wird ein kleines Stück rausgeschnitten, um die „Ohren" zu erhalten. Zum Schluss klebst du einen dreieckigen Filzschnabel und ein Paar Wackelaugen auf.

Elefant

Dieser sehr weise aussehende Elefant wurde aus einem großen und einem kleinen Pappteller, der für die Ohren halbiert wird, gemacht. Beide haben wir grau angemalt und trocknen lassen, bevor die Ohren aufgeklebt werden konnten. Zum Schluss bekam er zwei weiße Stoßzähne aus dünnem Tonkarton. Der lange Rüssel wurde aus einem weiteren großen Pappteller ausgeschnitten. Die Augen sowie die Details auf dem Rüssel werden aufgemalt.

Frösche

Für diese Breitmaulfrösche wurde jeweils einfach ein grün angemalter Pappteller in der Mitte geknickt. Füge Wackelaugen mit 3-D-Effekt hinzu. Wir haben sie außerdem mit langen, roten Zungen aus Schleifenband versehen sowie mit pelzigen Chenilledraht-Beinen.

Kleine Tipps

Lege beim Anmalen zwei Teller übereinander, um zu verhindern, dass die Pappteller Falten bekommen. Sobald die Farbe getrocknet ist, nimmst du den unteren Teller weg. Versuche nicht zu viel Farbe zu nehmen – zwei dünne Farbaufträge sorgen dafür, dass sich die Pappteller nicht wölben und Falten bekommen.

DAS BRAUCHST DU:

Papier in Weiß, 50 cm x 40 cm (wir haben strukturiertes Papier genommen, du kannst aber auch Aquarellpapier oder normales Papier verwenden) • Teebeutel und Wasser • kleiner Schwamm • Pinsel • Bunt- und Filzstifte in verschiedenen Farben • feinen Filzstift in Schwarz

Papierränder reißen

Lege das Papier flach auf den Tisch und reiße die Ränder ab, damit sie ewas zerfetzt und unregelmäßig aussehen. Wiederhole das Ganze auf allen vier Seiten.

Teeflecken auftragen
Lege einen Teebeutel in ein Schüsselchen mit Wasser, bis es dieses dunkelbraun gefärbt hat. Tauche den Schwamm in das Wasser und drücke ihn wieder aus, um die überschüssige Flüssigkeit zu entfernen. Tupfe mit dem Schwamm über das ganze Papier, um es fleckig zu machen, und lass es trocknen. Wenn das Papier beim Trocknen blasser wird als gewünscht, dann wiederhole das Ganze.

Papierränder bemalen
Male mit dunkelbrauner Farbe vorsichtig die Ränder des Papiers an und lasse es dann trocknen. So sieht das Papier noch älter aus. Wenn es trocken ist, kannst du mit dem Aufmalen der Insel beginnen und deinen Entwurf farbig ausgestalten.

Letzter Schliff
Umrande die Insel mit einem dünnen schwarzen Stift. Dann ergänzt du mit Buntstiften oder Farbe Palmen, Fische und – natürlich – die Stelle, an der der Schatz liegt. Fröhliche Schatzsuche!

Schatzkarte

Für diese antik aussehende Schatzkarte „alterst" du das Papier mit Tee, Wasser und Farbe. Male eine Insel und einige Hinweise auf — das sorgt für viele lustige Stunden, die du mit deinen Freunden mit der Schatzsuche verbringst.

Marmoriertes Papier

Marmoriertes Papier sieht sehr hübsch aus und geht einfach, besonders dann, wenn du fertig angemischte Marmoriertinten benutzt, die es in vielen verschiedenen Farben gibt. Jedes marmorierte Papier ist einzigartig. Schlage damit Schachteln oder Notizbücher ein oder verwende es als Briefpapier.

DAS BRAUCHST DU:

Papier in Weiß, A4 • Marmoriertinten in verschiedenen Farben • großes, flaches Gefäß (groß genug, um das Papier hineinlegen zu können) • Stab (zum Umrühren)

Tinte hinzufügen

Fülle etwa 2,5 cm Wasser in das Gefäß. Gib Tropfen von zwei oder drei verschiedenen Marmoriertinten in das Wasser. Achte darauf, dass es immer nur wenig Farbe auf einmal sein darf.

Tinte umrühren

Mit einem Stab rührst du die Oberfläche des Wassers um. Dabei darfst du nicht zu viel rühren, damit sich die Farben nicht miteinander vermischen. Stattdessen rührst du nur vorsichtig, damit ein schön verwirbelte Muster entsteht, wie es typisch fürs Marmorieren ist.

Papier eintauchen

Nimm ein Blatt Papier und tauche es vorsichtig in das Gefäß, bis es ganz untergetaucht ist. Drücke es vorsichtig mit deinen Fingern nach unten, aber bewege es in der Schüssel nicht hin und her.

Papier rausnehmen

Nimm das Papier vorsichtig wieder aus der Schüssel und lasse das überschüssige Wasser und die Tinte wieder zurück in die Schüssel laufen. Lege das Papier auf eine flache Oberfläche und lasse es vollständig trocknen. Mit dem marmorierten Papier kannst du jetzt Notizbücher einschlagen. Verziere diese zum Schluss mit einem hübschen Papier-Buchstaben.

DAS BRAUCHST DU:

runde Schachtel mit Deckel • verschiedene Tortenspitzen-Deckchen • Malerkreppband • Acrylfarbe in Pink • Unterteller (für die Farbe) • dicken Pinsel oder Schablonierpinsel • Papiertücher • 2 Schleifenbänder, 1 cm breit (müssen um den Deckel passen) • 2 Zier-Schmetterlinge • Schere • Weißleim oder Alleskleber

Deckel schablonieren

Lege ein Papierdeckchen so auf den Deckel, wie es zum Schablonieren liegen sollte. Zum Schablonieren selbst kannst du das Deckchen mit kleinen Stücken Malerkreppband fixieren. Es ist wichtig, dass das Deckchen beim Schablonieren nicht verrutscht, weil sonst das Muster verschmiert. Tupfe den Pinsel in die pinke Farbe und entferne so viel überschüssige Farbe wie möglich, indem du den Pinsel auf einem Papiertuch abstreifst. Betupfe anschließend die gesamte Fläche mit der Farbe.

Schablone abnehmen

Wenn du die ganze Schablone mit Farbe bedeckt hast, lässt du sie ein paar Minuten antrocknen. Dann ziehst du – sofern du es verwendet hast – vorsichtig das Malerkreppband ab und nimmst die Papierdeckchen-Schablone vom Deckel ab. Jetzt siehst du das Muster.

Motive ausschneiden

Nimm ein Papierdeckchen und schneide daraus mit der Schere Motive aus. Unterschiedliche Papierdeckchen haben verschiedene Muster. Schau sie dir genau an, um die schönsten Motive zum Ausschneiden zu finden.

Zum Schluss

Trage Klebstoff auf die Rückseite des ausgeschnittenen Tortenspitzen-Motivs auf und drücke es fest auf die Seite der Schachtel. Klebe weitere Motive in gleichmäßigen Abständen auf. Klebe zwei Stücke Schleifenband um den Rand des Deckels, presse sie gut an und lass sie trocknen. Zum Schluss klebst du die beiden Zier-Schmetterlinge auf den Deckel der Schachtel.

Tortenspitzen-Schachtel

Zarte Tortenspitzen-Deckchen sehen ein bisschen wie Spitze aus – das macht sie zu einem perfekten Bastel-papier. Sie können auseinandergeschnitten werden und man kann damit viele verschiedene Dinge verschönern, wie zum Beispiel Schach-teln, Bücher und Bilderrahmen. Tor-tenspitzen-Deckchen eignen sich – dank ihres zarten Spitzenmusters – auch hervorragend als Schab-lonen.

Tortenspitzen-Karten

Diese hübschen Karten wurden schabloniert, wobei die Ränder von Tortenspitzen verwendet wurden, um deren spitzenartige Bordüre zu zeigen. Zum Schluss wurden sie mit niedlichen Filzblumen verziert.

Tortenspitzen-Schachtel

Diese winzig-kleine Pappschachtel wurde mit selbstklebender Papierspitzen-Bordüre sowie einer Blume aus einem Tortenspitzen-Deckchen geschmückt.

Tortenspitzen-Rahmen

Diese hübschen Holzbilderrahmen, die in Pink- und Fliedertönen gestrichen wurden, sind mit einer Auswahl an ausgeschnittenen Tortenspitzen-Motiven verziert worden. Male die Rahmen dafür in der gewünschten Farbe an und lasse sie trocknen. Die ausgeschnittenen Motive klebst du mit Weißleim auf.

Kleine Tipps

Billige Tortenspitzen-Deckchen haben weniger aufwändige Muster, insofern lohnt es sich, hier ein bisschen mehr auszugeben und wirklich schöne zum Basteln zu kaufen. In guten Bastelläden findest du auch hübsche, selbstklebende Papierspitzen-Bordüren.

DAS BRAUCHST DU:

Papier (für die Schablone) • unterschiedlich strukturierte Papiere und Pappen
(wir haben Wellpappe genommen) •
Papier in Weiß • Buntstifte in verschiedenen Farben • gewebtes Platzset • Tonkarton in Gelb • Weißleim oder Alleskleber • Bilderrahmen, z. B. in Rot • Farbe
(optional) • Schere • Bleistift

Mit dem Rubbeln anfangen

Wähle ein Stück strukturiertes Papier bzw. Pappe
aus. Lege ein Blatt weißes Papier darüber und
fahre mit einem Buntstift schnell darüber, sodass sich das Muster durch den Buntstift auf
dem Papier abzeichnet.

Weiterrubbeln
Nun legst du ein weiteres Papier auf das gewebte
Tischset und fährst wieder mit dem Buntstift darüber. Danach reibst du den
Buntstift in der entgegengesetzten Richtung auf – jetzt zeichnet sich das
gewebte Muster des Sets auf dem Papier ab. Dafür kannst du auch zwei
unterschiedliche Buntstifte nehmen.

Motive ausschneiden
Kopiere das Blatt und den Topf von Seite
120 auf Papier und schneide sie aus. Lege die so entstandenen Schablonen auf die
Rückseite der gerubbelten Papiere und umfahre sie mit Bleistift. Für jede Blume
brauchst du ungefähr sechs Blütenblätter. Danach schneidest du die Motive aus.

Zum Schluss
Klebe die Blätter, die
Blumen und den Topf auf den gelben Tonkarton
und lasse den Klebstoff trocknen. Wenn du willst,
kannst du das Ganze zusätzlich mit Glitter, Per-
len oder Knöpfen verzieren. Wer mag, malt den
Bilderrahmen passend zu den Blumen an. Zum
Schluss steckst du das Bild in den Bilderrahmen.

Rubbel-Collage

Besonders jüngeren Kindern macht das Rubbeln Spaß – du kannst dafür die unterschiedlichsten Dinge nehmen. Wir haben unterschiedlich strukturierte Papiere und Pappen genommen, aber es geht auch mit Münzen, Tapeten, Rinde und Knöpfen gut.

Modellieren & gestalten

Schwein aus Papiermaché

Dieses lustige Schweinchen wurde in der traditionellen Papier-maché-Technik gemacht. Mit seinem bezaubernden rosafar-benen Anstrich und seinem Chenilledraht-Schwänzchen ergibt es ein tolles Geschenk für einen Freund oder ein Geschwister-kind. Wenn du das Geschenk noch persönlicher machen willst, schreibst du noch den Namen des Beschenkten auf die Seite.

DAS BRAUCHST DU:

Luftballon • Zeitungspapier • Eierkarton • Malerkreppband, 2,5 cm breit • Bastelfilz in Rosa (für die Ohren) • Chenilledraht • Acrylfarbe in Rosa und Schwarz • verschiedene Pinsel • Pinsel (für den Klebstoff) • Schüssel • Weißleim • Wasser • Bleistift • Bastelkleber

Papierstreifen aufkleben

Reiße das Zeitungspapier in 2,5 cm x 6 cm große Streifen. Gib etwas Klebstoff in eine Schüssel und füge die gleiche Menge Wasser hinzu, um diesen zu verdünnen. Pinsele eine dünne Schicht der Mischung auf einen etwa 10 cm x 10 cm großen Bereich des Ballons auf. Nun klebst du die Papierstreifen auf den Ballon. Das machst du so lange, bis die Oberfläche des Luftballons komplett bedeckt ist.

Beine und Schnauze ergänzen

Trage etwa drei Schichten Papiermaché auf und lass diese antrocknen. Danach schneidest du für die Beine und die Schnauze fünf Becher aus dem Eierkarton aus. Fixiere die Beine mit Malerkreppband auf der Unterseite des Ballons und die Schnauze vorne, sodass sie den Knoten am Luftballon abdeckt. Bringe zwei, drei weitere Papiermaché-Schichten auf und bedecke somit den Ballon, die Beine und die Schnauze komplett mit den Papierschnipseln. Lasse das Ganze vollständig trocknen – das dauert mindestens einen Tag, vielleicht auch länger.

Schwein verzieren

Nun kannst du das Schwein rosafarben anmalen. Du musst vielleicht zwei oder drei Schichten Farbe auftragen, bis diese gut deckt. Mit schwarzer Farbe und einem feinen Pinsel malst du die Schweinefüße, die Augen und die Nase auf und lässt sie trocknen. Schneide zwei Ohren aus Filz oder Papier aus und klebe diese oberhalb der Augen auf.

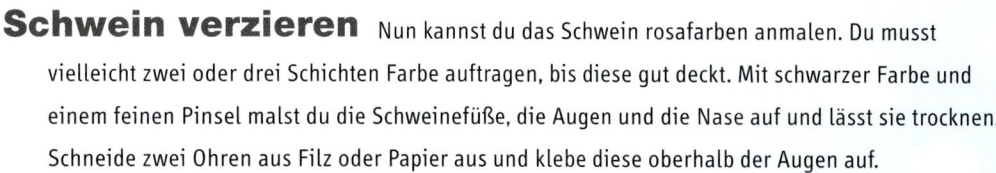

Zum Schluss

Wickle einen hellbraunen Chenilledraht um einen Bleistift, um eine Spirale zu bekommen. Ziehe vorsichtig an der Spirale, damit sie ein bisschen aufgeht. Steche mit einer Schere hinten ein Loch in das Schwein. Dann trägst du einen großen Tropfen Bastelkleber auf das eine Ende und schiebst dieses in das Loch. Außen am Ansatz trägst du zusätzlich etwas Klebstoff auf.

Krake

Schneide den unteren Teil eines
Luftballons, der mit getrocknetem
Papiermaché bedeckt ist, ab, um
diesen Kraken mit vielen Armen
zu machen. Grün angemalt und
mit Wackelaugen und Armen aus
Chenilledraht versehen schmückt
er jedes Regal und jede Fenster-
bank.

Heißluftballon

Diesen auffälligen Heißluftballon machst du aus einem ganz normalen Luftballon. Der Ballon wurde quadrantenweise in leuchtendem Rot und Türkis angemalt. Sein Korb besteht aus einem Pappbecher, der mit schmalem Schleifenband befestigt wird. Hänge den Heißluftballon an deine Deckenlampe – das sieht in deinem Kinderzimmer bestimmt cool aus.

Witziger Hund

Dieser niedliche Hund entsteht aus einem länglichen Luftballon und Eierkarton-Beinen. Er hat außerdem lange Filzohren, eine Pompon-Nase, ein Halsband aus Schleifenband und einen Schwanz aus Chenilledraht.

Kleine Tipps

Denke daran: Umso mehr Papiermaché-Schichten du aufbringst, desto robuster wird das fertige Modell.

Achte darauf, dass alle Schichten trocken sind, bevor du mit dem Anmalen beginnst.

DAS BRAUCHST DU:
Streifen aus starkem Musterpapier,
20 cm x 2 cm (für den größten Stern) •
Haarreifen • Bastelkleber

Knoten machen
Mache einen Knoten in den Papierstreifen, und zwar ungefähr nach einem Drittel seiner Länge. Ziehe ihn so fest wie möglich an, ohne dass der Streifen reißt. Drücke ihn anschließend mit den Fingern flach, um ein Fünfeck zu formen, wobei die zwei Papierstreifenenden aus zwei der fünf Seiten herausschauen.

Papier falten
Falte den kürzeren Papierstreifen über das Fünfeck und drücke es mit deinen Fingern flach. Kürze das Papierende auf die Größe des Fünfecks und stecke das Papierende in die Falte, die durch den Knoten im Inneren des Fünfecks entsteht.

Weiterfalten
Falte jetzt das längere Streifenende über das Fünfeck, wobei du immer der Form des Fünfecks folgst. Zum Schluss kürzt du das Papierende, sodass nichts über die Form des Fünfecks hinausragt, und steckst das Ende des Streifens in die Lasche, die zu sehen ist.

Zum Schluss
Nimm deinen Daumennagel und drücke damit vorsichtig in die gefalteten Ränder des Fünfecks. So erhält das Fünfeck eine eher dreidimensionale Sternform. Versuche vorsichtig in den Stern zu pusten, um die Form weiter zu öffnen und sie ein bisschen aufzublasen. Arbeite mehrere unterschiedlich große Sterne und klebe diese auf den Haarreifen.

Sternen-Haarreifen

Dieser hübsche Haarreifen wurde mit filigranen Papier-
sternen verziert, die aus schmalen Papierstreifen gefaltet
werden. Wir haben verschieden große Sterne gemacht und
diese anschließend auf den Haarreifen geklebt.

Eierkarton-Insekten

Eierkartons sind ein weiteres vielseitiges und kostengünstiges Bastelmaterial, aus dem sich viele Sachen machen lassen – wie zum Beispiel diese langbeinigen Ameisen mit ihren großen Augen und Chenilledraht-Beinen. Du kannst eine ganze Armee davon basteln und sie mit deinen Freunden teilen!

Eierkarton anmalen

Schneide mit der Schere zwei zusammenhängende Becher aus dem Eierkarton aus. Male diese braun an und lasse sie vollständig trocknen. Für eine gute Farbabdeckung musst du sie vielleicht ein zweites Mal anmalen.

Beine ankleben

Schneide sechs gleich lange Chenilledraht-Abschnitte zu, jeweils etwa 10 cm lang. Klebe drei davon in gleichmäßigen Abständen auf eine Seite des ausgeschnittenen Eierkartons. Wiederhole das auf der anderen Seite. Biege die Beine so, dass die Ameise gut stehen kann.

Augen aufkleben

Male die Papiermaché-Perlen im gleichen Braunton an wie den Körper und lass sie trocknen. Klebe sie vorne auf die Ameise. Danach klebst du die Wackelaugen auf die Papiermaché-Perlen und lässt sie wieder trocknen.

Zum Schluss

Mit einem Schaschlikstäbchen bohrst du oberhalb der Augen zwei Löcher ein. Dort hinein steckst du zwei ungefähr 3 cm lange Chenilledraht-Stücke. Das sind die Fühler. Falls notwendig, trägst du im Inneren einen Klebstofftropfen auf, um sie an Ort und Stelle zu halten.

DAS BRAUCHST DU:
(für die Kommode)

4 kleine leere Streichholzschachteln •
Acrylfarben in zwei verschiedenen
Farben • 4 Metallperlen, oval (als
Beine) • 4 Perlen in Hellblau transpa-
rent (als Griffe) • Pinsel • Bastelkleber •
Kleb-stoff, evtl. Heißklebepistole

Streichholzschachteln zusammenkleben
Trage auf den Boden einer Streichholzschachtel Klebstoff auf und klebe sie auf eine andere Schachtel. Drücke sie fest an. Klebe so lange weiter, bis die vier Streichholzschachteln miteinander verbunden sind, und lasse den Klebstoff vollständig trocknen.

Streichholzschachteln anmalen

Male die vier Streichholzschachteln außen an und lasse sie trocknen. Damit die Farbe wirklich gut deckt, musst du diesen Vorgang vielleicht wiederholen.

Schubladen anmalen
Male die Schubladen in der zweiten Farbe an und lasse sie trocknen. Auch hier musst du für eine gute Farbab-deckung vielleicht einen zweiten Anstrich vornehmen.

Zum Schluss
Trage unten auf jede metallene Perle einen Tropfen Klebstoff auf und klebe sie unter die Streichholzschachteln. Drücke sie gut mit deinen Fingern an, bis alle vier halten. Danach klebst du vorne auf jede Schublade eine transparente Perle. Vielleicht geht es einfacher, wenn ein Erwachsener die Per-len für dich mit der Heißklebepistole festklebt.

Puppenhausmöbel

Diese hübsche Auswahl an Puppenhausmöbeln wurde
aus alten Streichholzschachteln, Pappe und Bastelstäbchen gemacht, die in leuchtenden Farben angemalt und mit gemusterten Origami-Papieren und
Perlen verziert wurden.

Frisierkommode

Diese aus acht kleinen Streichholzschachteln
gemachte und mit einer Papp-Oberseite
versehene Frisierkommode hat außerdem
einen passenden Spiegel aus einem Stück
angemalter Pappe und Spiegelglas aus
Alufolie.

Kleiderschrank

Dieser freistehende Kleiderschrank wurde aus einer großen Streich-holzschachtel gemacht. Für die Türen wurde die Vorderseite in der Mitte durchgeschnitten. Der Schrank wurde passend zur Frisier-kommode angemalt und hat Metallfüße und einen Perlen-Türgriff.

Puppenhaus-Bett

Auch das Puppenhaus-Bett wurde aus einer großen Streich-holzschachtel gemacht. Das Betthaupt besteht aus großen und mittelgroßen Bastelstäbchen, die passend zu den anderen Möbelstücken angemalt wurden. Aus einem hübschen Blatt Origami-Papier entstehen die Tagesdecke und das Kissen.

Kleine Tipps

Bitte deine Eltern, unterschiedlich große Streichholzschachteln von Hotels und Bars für deine Bastel-Box oder deinen Bastelschrank zu sammeln. Es gibt sie in vielen verschiedenen Formen und Größen – und die Qualität der Pappe ist oftmals besser als von gewöhnlichen Streichholzschachteln.

DAS BRAUCHST DU:

Schüssel (als Form) • Frischhalte/Plastikfolie • 8 Bogen Seidenpapier in Pink • Zier-Schmetterling • Pinsel • Weißleim • Klebeband

Schüssel abdecken Lege die Schüssel umgekehrt auf eine flache Oberfläche und decke sie mit Frischhalte- bzw. Plastikfolie ab. Ziehe die Frischhalte- bzw. Plastikfolie gut fest, falte die Ränder nach innen um und streiche die Folie an den Seiten glatt. Falls notwendig, fixierst du die Folie mit Klebeband.

Seidenpapier reißen Reiße das Seidenpapier in kleine, etwa 2 cm x 4 cm große Streifen. Wenn du magst, legst du die Seidenpapierstreifen in eine Schüssel, während du deine Papiermaché-From arbeitest.

Mit dem Kleben beginnen Lege ein Stück Seidenpapier auf die Schüssel und trage eine dünne Schicht Weißleim mit dem Pinsel auf. Fahre auf diese Weise fort und beklebe so nach und nach die ganze Schüssel, bis sie vollständig bedeckt ist. Du brauchst mindestens zehn Schichten Seidenpapier – und sogar mehr, wenn du eine dickere Schüssel machen willst.

Zum Schluss Lasse das Papiermaché vollständig trocknen, bevor zu versuchst es abzunehmen. Das dauert mindestens einen Tag, vielleicht auch länger. Wenn die Papiermaché-Schüssel vollständig getrocknet ist, nimmst du sie von der Plastikschüssel ab und verzierst sie mit dem glitzernden Schmetterling.

Schale aus Seidenpapier

Diese außergewöhnliche Schale wurde in der traditionellen Papiermaché-Technik gemacht, aber aus Seidenpapier und Weißleim statt aus Zeitungspapier und Leim. Dank ihrer leuchtenden Farbe ist sie perfekt zum Verschenken geeignet.

Originelle Blumen

Für diese strahlenden Blumen mit Stielen aus Trinkhalmen wurden verschiedenfarbige Tonkartons, Zackenlitzen und Knöpfe miteinander kombiniert. Fertige mehrere von ihnen für einen tollen Blumenstrauß an, den du zum Muttertag in eine Vase stellen kannst.

DAS BRAUCHST DU:

Papier (für die Schablone) • Tonkarton in verschiedenen Farben • Papier in verschiedenen Farben • Zackenlitze in verschiedenen Farben • Knöpfe in verschiedenen Farben • Trinkhalme in verschiedenen Farben • Klebstoff, evtl. Heißklebepistole • Klebefilm • Schere • Bleistift

Schablone arbeiten
Kopiere die Vorlagen von Seite 120/121 und schneide sie aus. Lege eine der so entstandenen Schablonen auf die Rückseite eines Stücks farbigen Tonkartons und umfahre sie mit Bleistift. Du brauchst für jede Blume zwei unterschiedlich farbige Tonkartonstücke.

Blumen ausschneiden
Schneide die Blumen vorsichtig mit der Schere aus. Leichter geht es vielleicht, wenn du zuerst alle Blumen ausschneidest und sie erst danach verzierst. Wenn es noch hübscher werden soll, dann nimm eine Zierrand- oder Zackenschere.

Mit dem Verzieren beginnen
Klebe eine Blume auf eine andere. Achte dabei darauf, dass die Blütenblätter der unteren Blume zwischen denen der oberen sitzen. Danach schneidest du Kreise aus farbigem Papier aus und klebst diese auf jede Blume und jedes Blütenblatt.

Zum Schluss
Schneide kurze Stücke Zackenlitze ab und klebe diese zwischen die Blumenmitten und die Blütenblätter. Ergänze nun einen Knopf in jeder Blumenmitte und auf jedem Blütenblatt. Zuletzt klebst du den Trinkhalm mit Klebefilm auf die Rückseite der Blume oder du bittest einen Erwachsenen darum, das mit der Heißklebepistole zu übernehmen.

DAS BRAUCHST DU:

6 Bogen Seidenpapier (pro Blume)
• Chenilledraht • Schleifenband,
ca. 3 mm breit (zum Aufhängen) •
Schere

Mit dem Falten beginnen

Lege die Seidenpapier-Bogen flach vor dich auf den Tisch. Fange mit der Seite an, die dir am nächsten ist, und beginne, das Papier in etwa 2 cm breite Ziehharmonika-Falten zu legen. Streiche jede Falte flach. Lege das gefaltete Papier vielleicht über Nacht unter ein schweres Buch, damit es so flach wie möglich wird, oder bitte einen Erwachsenen, mit einem heißen Bügeleisen über die Falten zu fahren.

Papier in der Mitte zusammenbinden

Markiere die Mitte des gefalteten Papiers, indem du es mittig zusammenfaltest. Binde nun einen Chenilledraht um diese Stelle und ziehe ihn so fest wie möglich an, um das Papier zusammenzufassen. Verdrehe die Enden des Chenilledrahtes miteinander und schneide die losen Enden mit der Schere ab. Danach bindest du Schleifenband um die Mitte, damit du die fertige Blume später aufhängen kannst.

Enden abschneiden
Schneide die Papierenden jeder Blume in Blütenblattform, indem du auf einer Seite einen leichten, etwa 4 cm langen Bogen hineinschneidest. Das machst du auch auf der anderen Seite.

Zum Schluss
Jetzt faltest du die Seidenpapierfalten vorsichtig auf und zupfst sie in Blumenform. Das braucht einige Zeit und muss sehr vorsichtig gemacht werden, damit das dünne Papier nicht reißt. Nun kannst du die Blumen in Gruppen zum Beispiel über den Party-Tisch hängen.

Seidenpapier-Blumen

Diese großen Papierblumen sind aus gefaltetem Seidenpapier gemacht und eine günstige, aber fantastische
Deko-Idee für eine Party oder einen speziellen Anlass.
Arbeite sie in verschiedenen Größen und hänge sie mit
unterschiedlich langen Schleifenbandstücken von der Decke.

Rakete

Diese farbenfrohe Rakete wurde aus einer Papprolle, wie man sie in Küchenpapier-Rollen findet, gemacht. Sie wurde mit Papier in leuchtenden Farben verziert und ist dank der Seidenpapier-Flammen bereit zum Abheben!

DAS BRAUCHST DU:

Küchenpapier-Papprolle • einfaches Papier • Musterpapier • Tonpapier • Karton- oder Torf-Blumentopf • Seidenpapier (für die Flammen • Weißleim) • Klebstoff • Acrylfarbe in Rot • Pinsel

Papprolle bedecken

Schneide ein Stück Papier aus, das um die Papprolle passt, und gib am längeren Rand 2,5 cm zum Überlappen hinzu. Wickle die Rolle in das Papier ein und gib Klebstoff auf den Rand, damit es hält. Lasse den Klebstoff trocknen.

Formen aufkleben

Schneide aus dem Musterpapier etwa 2 cm x 3 cm große Rechtecke aus, trage Klebstoff auf deren Rückseite auf und klebe sie auf die Papprolle. Drücke dabei jedes Stück so gut an, wie du kannst.

Kegelspitze arbeiten

Schneide aus dem Tonpapier einen Halbkreis mit einem Durchmesser von 15 cm aus. Falte das Stück zu einem Kegel und klebe diesen an den Rändern zusammen. Klebe den Kegel oben auf die Rolle.

Zum Schluss

Schneide aus dem oberen Rand des Torf-Blumentopfs Dreiecke aus, um die Raketenantriebs-Form zu bekommen, male das Ganze an und lasse es trocknen. Klebe den Antrieb unten in die Rolle. Schneide aus dem Seidenpapier 1,5 cm breite und 30 cm lange Streifen aus und klebe diese als Flammen, die aus der Rakete kommen, innen unten ein.

DAS BRAUCHST DU:

Instant-Papiermaché-Mix • Acrylfarbe
in verschiedenen Farben • Wasser •
Schüssel (zum Anmischen) •
Cocktailspieße • verschiedene Pinsel •
Elastik-Nylonfaden • Schere

Perlen formen Mische den Papier-
maché-Mix laut Herstellerangaben an. Die so
entstandene Masse sollte ziemlich trocken sein,
damit sie leicht zu Kugeln geformt werden
kann. Nimm einen Klumpen von der Masse ab
und rolle ihn zwischen deinen Handflächen zu
Perlen.

Perlen durchstechen Schiebe mitten durch jede
Perle einen Cocktailspieß. So entsteht das Loch für den Faden und
gleichzeitig sorgst du dafür, dass das Loch beim Trocknen offen
bleibt. Sobald du alle Perlen gerollt und durchstochen hast, lässt du
sie trocknen. Das kann durchaus ein paar Tage dauern.

Perlen verzieren Male die Perlen in unterschiedlichen Farben an und lasse sie
trocknen. Die Cocktailspieße sind dabei sehr praktisch, weil du die Perlen so beim Bemalen
gut halten kannst. Lasse die Farbe trocknen. Anschließend malst du mit einem dünnen Pinsel
Tupfen in Kontrastfarben auf.

Perlen auffädeln Entferne die
Cocktailspießchen vorsichtig aus den Perlen
und fädle die Perlen anschließend auf den
elastischen Nylonfaden auf. Sobald die gewünschte Länge erreicht ist, verknotest du die
Fäden miteinander und schneidest die Enden
mit der Schere ab.

Perlenkette

Diese bewundernswerte Kette besteht aus Perlen, die aus Papiermaché-Masse geformt werden, den es in den meisten Bastelgeschäften zu kaufen gibt. Dank der leuchtenden Farben und den kontrastreichen Punkten ist sie ein tolles Geschenk für kleine Mädchen.

Spielstadt

Recycle leere Saft-, Frühstücksflockenschachteln und Papprollen, indem du sie in fröhlichen Farben anmalst und so Ge-
bäude für diese niedliche Spielstadt schaffst. Aus Papierresten
in kräftigen Farben machst du Fenster und Türen und aus
zerknülltem Seidenpapier Bäume.

DAS BRAUCHST DU:

großen Karton oder Schachtel (für ein Grund-Haus) • Acrylfarbe in verschiedenen Farben • verschiedene Pinsel • Papierreste in verschiedenen Farben (für die Fenster und Türen) • Pappe (für das Dach) • Weißleim oder Alleskleber • Klebefilm • Schere

Schachtel anmalen Mit einem dicken Pinsel malst du die Schachtel im gewünschten Farbton an. Lasse die Farbe vollständig trocknen. Damit das Ganze noch schöner aussieht, trägst du am besten ein zweites Mal Farbe auf und lässt sie wieder trocknen.

Tür und Fenster ergänzen Sobald die Schachtel getrocknet ist, schneidest du für die Tür und die Fenster Vierecke aus einem andersfarbigen Papier zu. Klebe diese an den passenden Stellen auf.

Details hinzufügen Nimm einen dünnen Pinsel und Farbe und male damit die Fensterrahmen und die Tür-Verzierungen auf. Lasse die Farbe vollständig trocknen.

Zum Schluss Schneide ein Stück Pappe, dass 22 cm lang und so breit wie der Karton ist, aus. Falte die Pappe dreimal, um eine dreieckige Form zu erhalten, und verbinde die Ränder mit Klebefilm. Male die Dachziegel mit einem Pinsel auf. Lasse die Farbe vollständig trocknen, bevor du zum Schluss das Dach mit der flachen Seite oben auf die Schachtel klebst.

DAS BRAUCHST DU:

Papier (für die Schablone) • starke Pappe • Acrylfarbe in Weiß, Grün und Braun • Pinsel • Filzstift in Schwarz • Bleistift • Schere • Radiergummi

Schablone arbeiten
Kopiere die Dinosaurier-Vorlagen von Seite 120/121 und schneide sie aus. Lege die so entstandenen Schablonen auf die Rückseite der Pappe und umfahre sie mit Bleistift. Achte dabei darauf, dass du die Schlitze genau dort einzeichnest, wo sie auf der Original-Vorlage sind. Du brauchst einen Hauptkörper, zwei weitere Körperteile und zwei Seitenteile.

Dinosaurier ausschneiden
Schneide die fünf Dinosaurierteile aus und die Schlitze wie auf der Vorlage markiert ein. Mithilfe dieser Schlitze werden die Teile zusammengesteckt. Mit dem Radiergummi entfernst du die Bleistiftlinien auf der Rückseite der Pappe, bevor du die Teile anmalst.

Dinosaurier anmalen
Lege die Teile flach auf den Tisch, trage Flecken in der ersten Farbe auf und lasse diese trocknen. Fahre damit fort, Flecken in weiteren Farben aufzutragen und trocknen zu lassen. Sobald die Farbe getrocknet ist, wiederholst du das Ganze auf der anderen Seite und lässt auch diese vollständig trocknen.

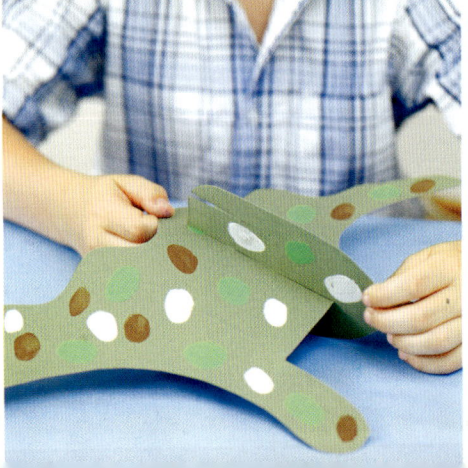

Zum Schluss
Verbinde den Dinosaurier, indem du die verschiedenen Teile zusammensteckst. Fange mit dem Hauptkörper an und schiebe die beiden anderen Körperteile auf, danach steckst du die beiden Seitenteile auf. Sobald der Dinosaurier fertig zusammengesetzt ist, malst du mit einem schwarzen Filzstift die Augen und den Mund auf.

Dinosaurier in 3-D

Diesen freundlichen Dinosaurier baust du aus Papp-Teilen zusammen, die du in verschiedenen Grün- und Braun-Schattierungen anmalst und anschließend einfach zusammensteckst.

Vorlagen

Die Vorlagen auf den Seiten 118–123 wurden verkleinert, um auf die Seiten zu passen. Bevor du sie ausschneidest, musst du sie auf einem Kopierer auf 200 Prozent vergrößern, damit sie die richtige Größe haben.

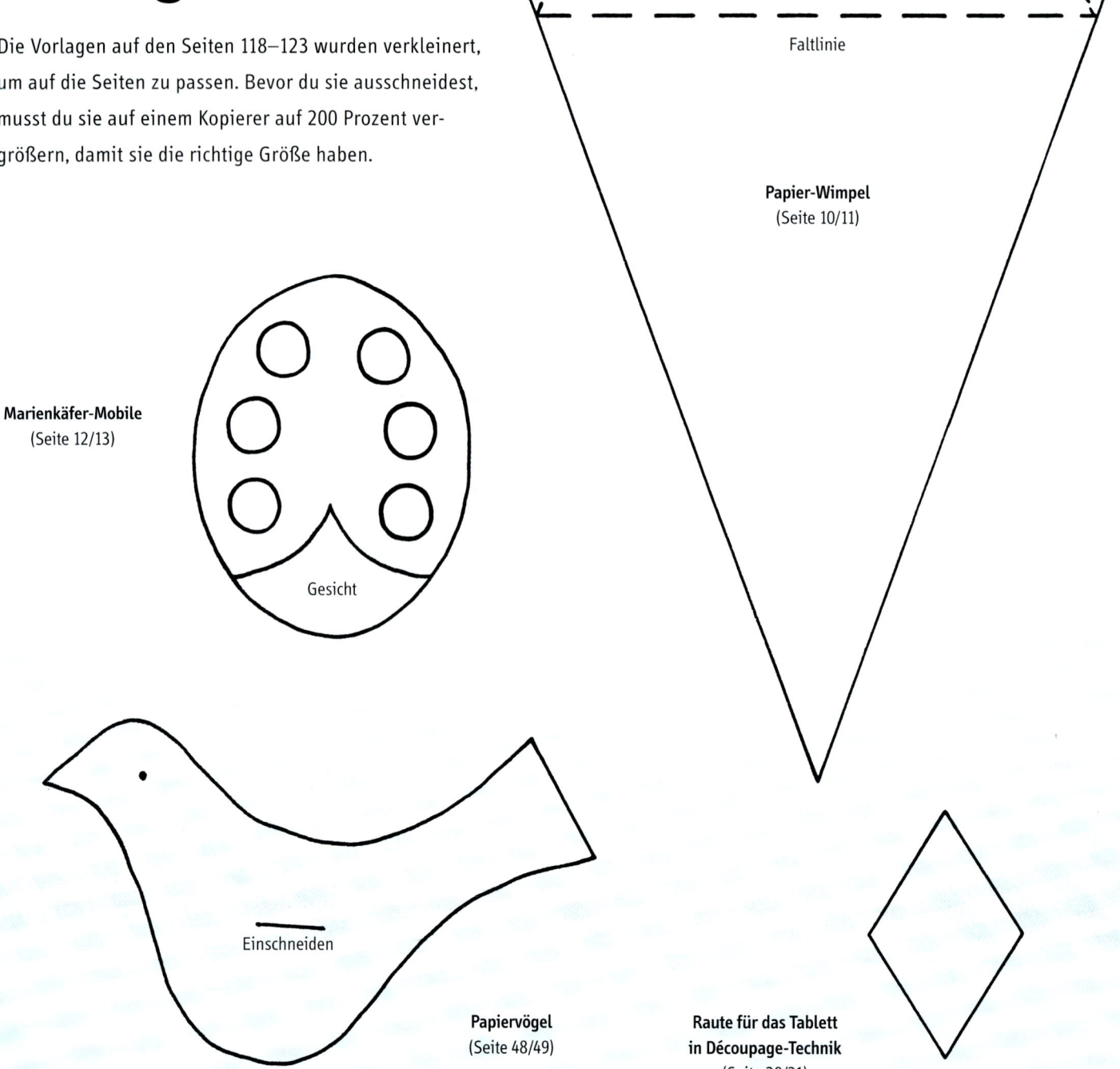

Faltlinie

Papier-Wimpel
(Seite 10/11)

Marienkäfer-Mobile
(Seite 12/13)

Gesicht

Einschneiden

Papiervögel
(Seite 48/49)

**Raute für das Tablett
in Découpage-Technik**
(Seite 30/31)

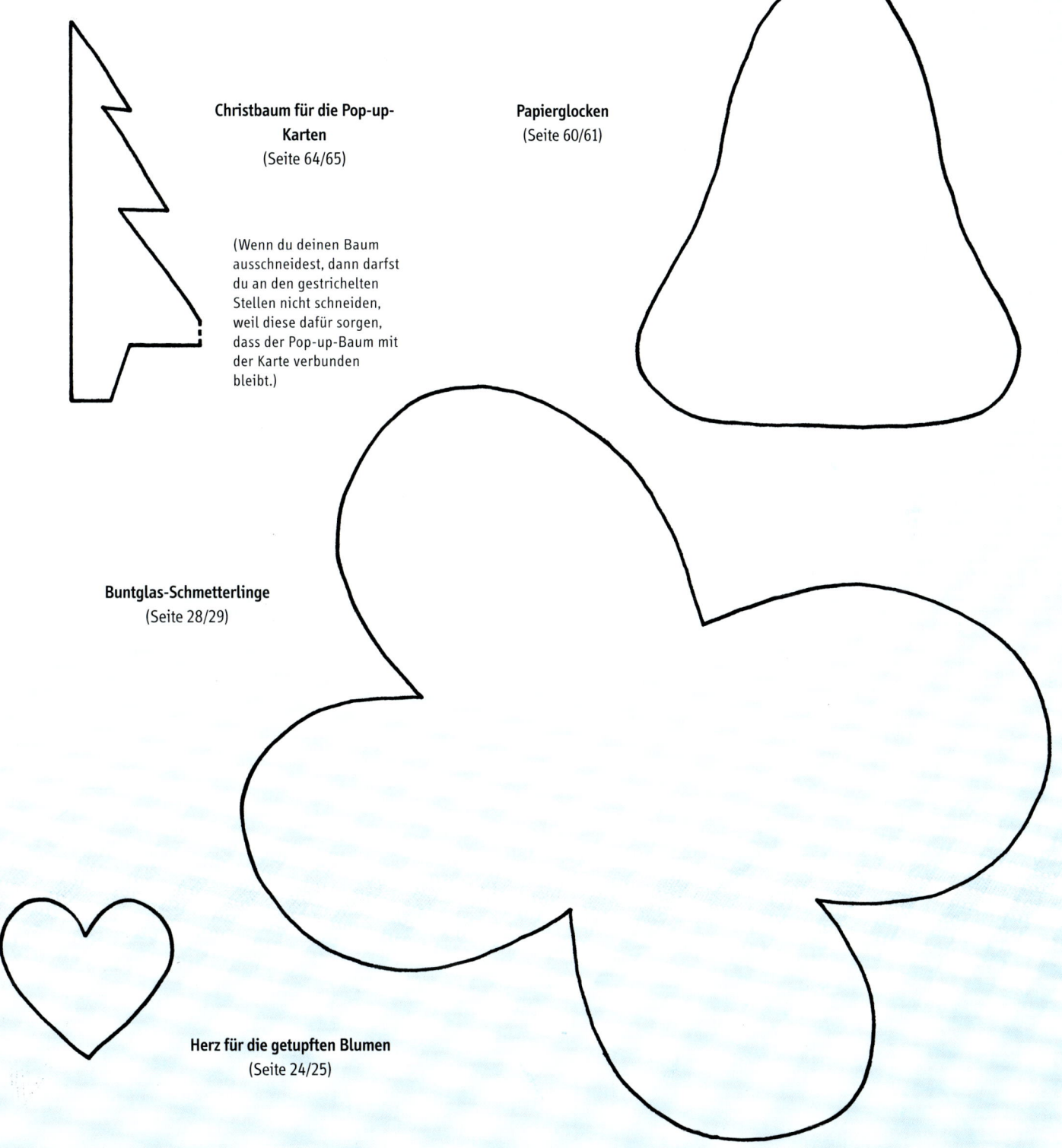

Christbaum für die Pop-up-Karten
(Seite 64/65)

(Wenn du deinen Baum
ausschneidest, dann darfst
du an den gestrichelten
Stellen nicht schneiden,
weil diese dafür sorgen,
dass der Pop-up-Baum mit
der Karte verbunden
bleibt.)

Papierglocken
(Seite 60/61)

Buntglas-Schmetterlinge
(Seite 28/29)

Herz für die getupften Blumen
(Seite 24/25)

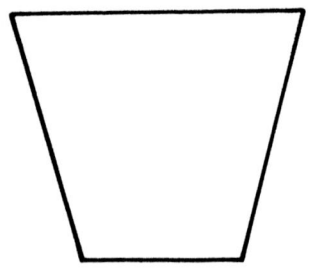

**Blumentopf für die
Rubbel-Collage**
(Seite 88/89)

**Blütenblatt und Blatt
für die Rubbel-Collage**
(Seite 88/89)

große, flache Blumen
(Seite 106/107)

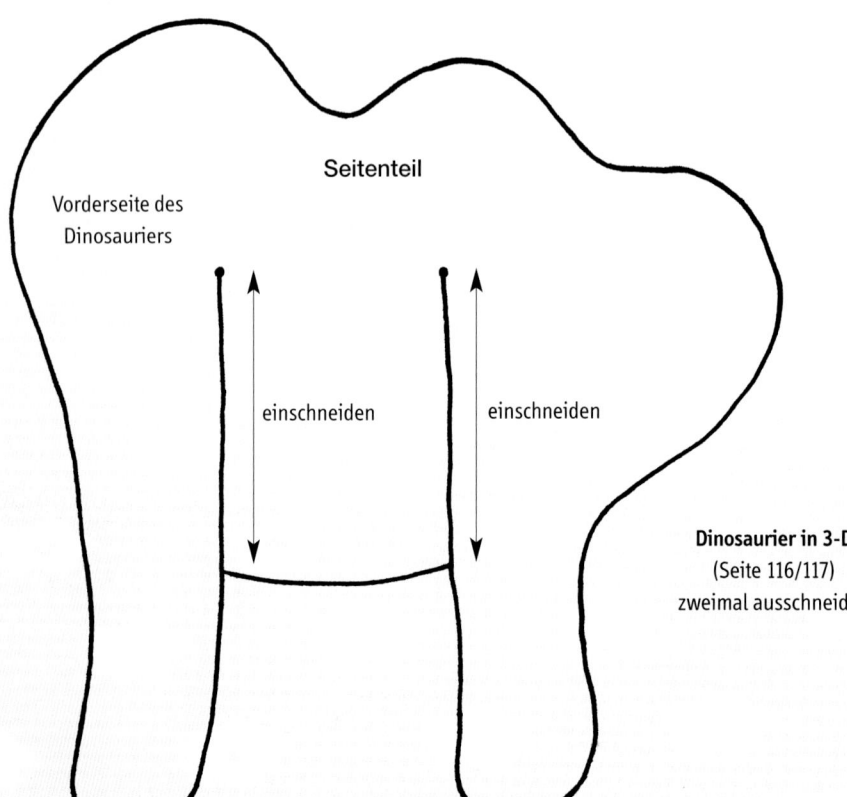

Seitenteil

Vorderseite des
Dinosauriers

einschneiden

einschneiden

Dinosaurier in 3-D
(Seite 116/117)
zweimal ausschneiden

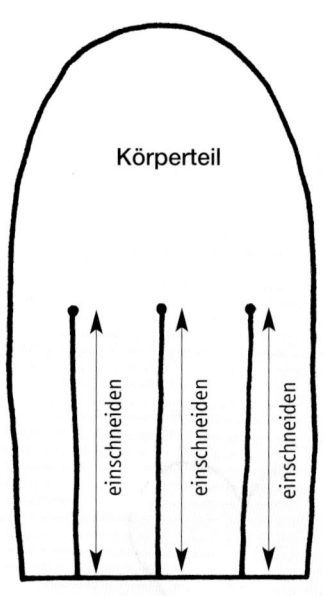

Körperteil

einschneiden

einschneiden

einschneiden

Dinosaurier in 3-D
(Seite 116/117)
zweimal ausschneiden

Alle Vorlagen müssen auf einem Kopierer
auf 200 Prozent vergrößert werden, damit
sie die richtige Größe haben.

große, flache Blumen
(Seite 106/107)

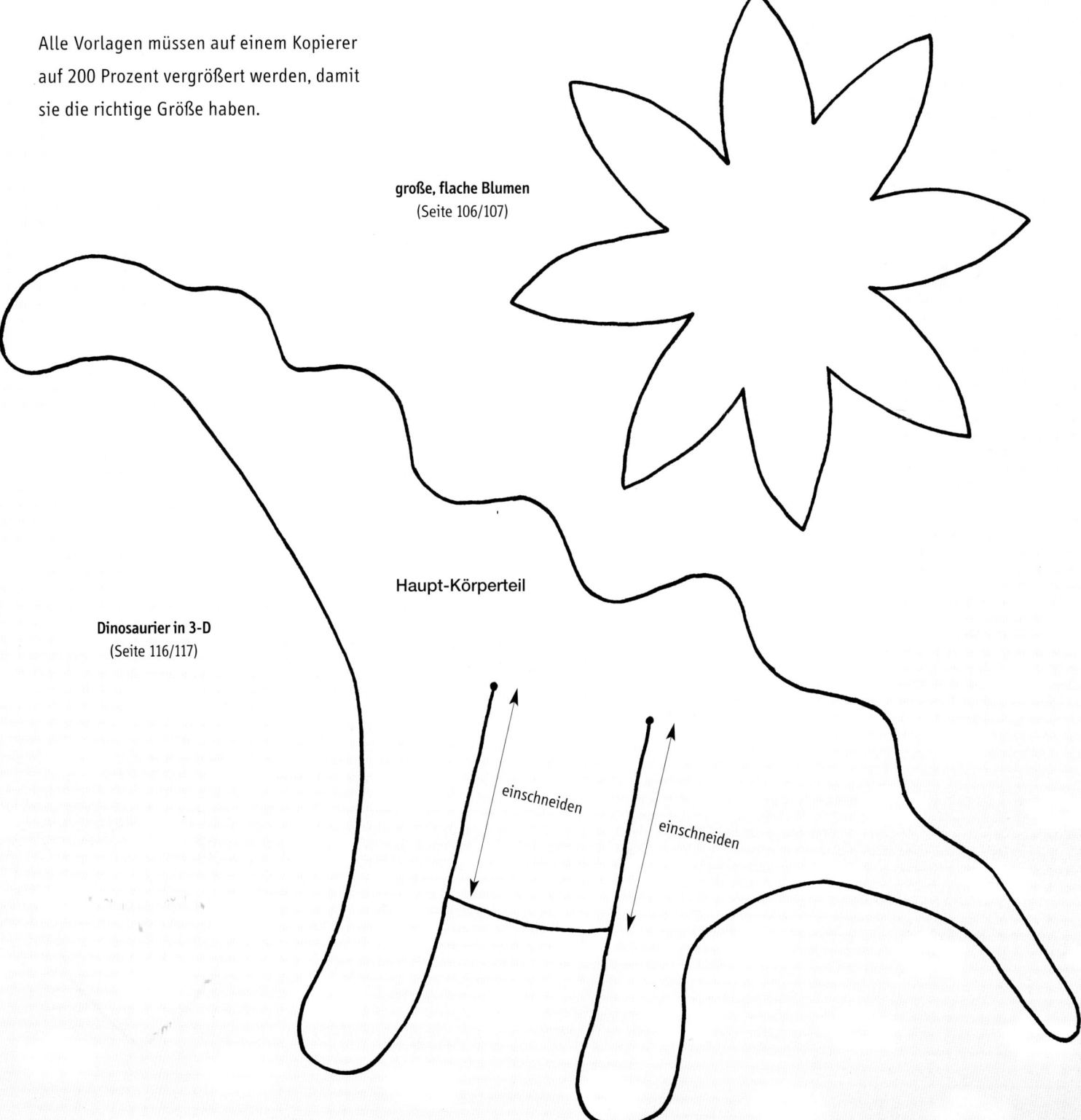

Haupt-Körperteil

Dinosaurier in 3-D
(Seite 116/117)

einschneiden

einschneiden

Alle Vorlagen müssen auf einem Kopierer
auf 200 Prozent vergrößert werden, damit
sie die richtige Größe haben.

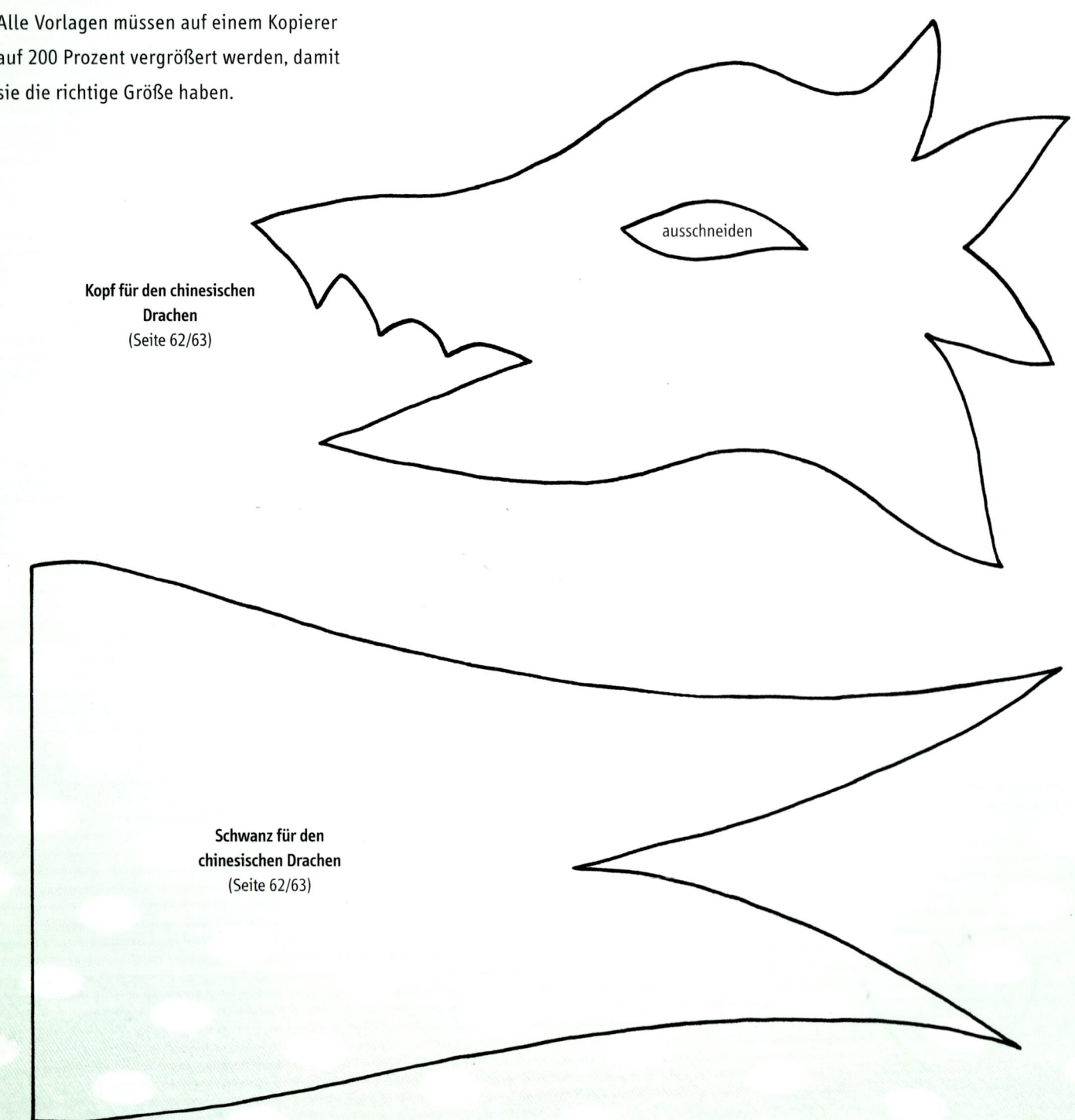

ausschneiden

**Kopf für den chinesischen
Drachen**
(Seite 62/63)

**Schwanz für den
chinesischen Drachen**
(Seite 62/63)

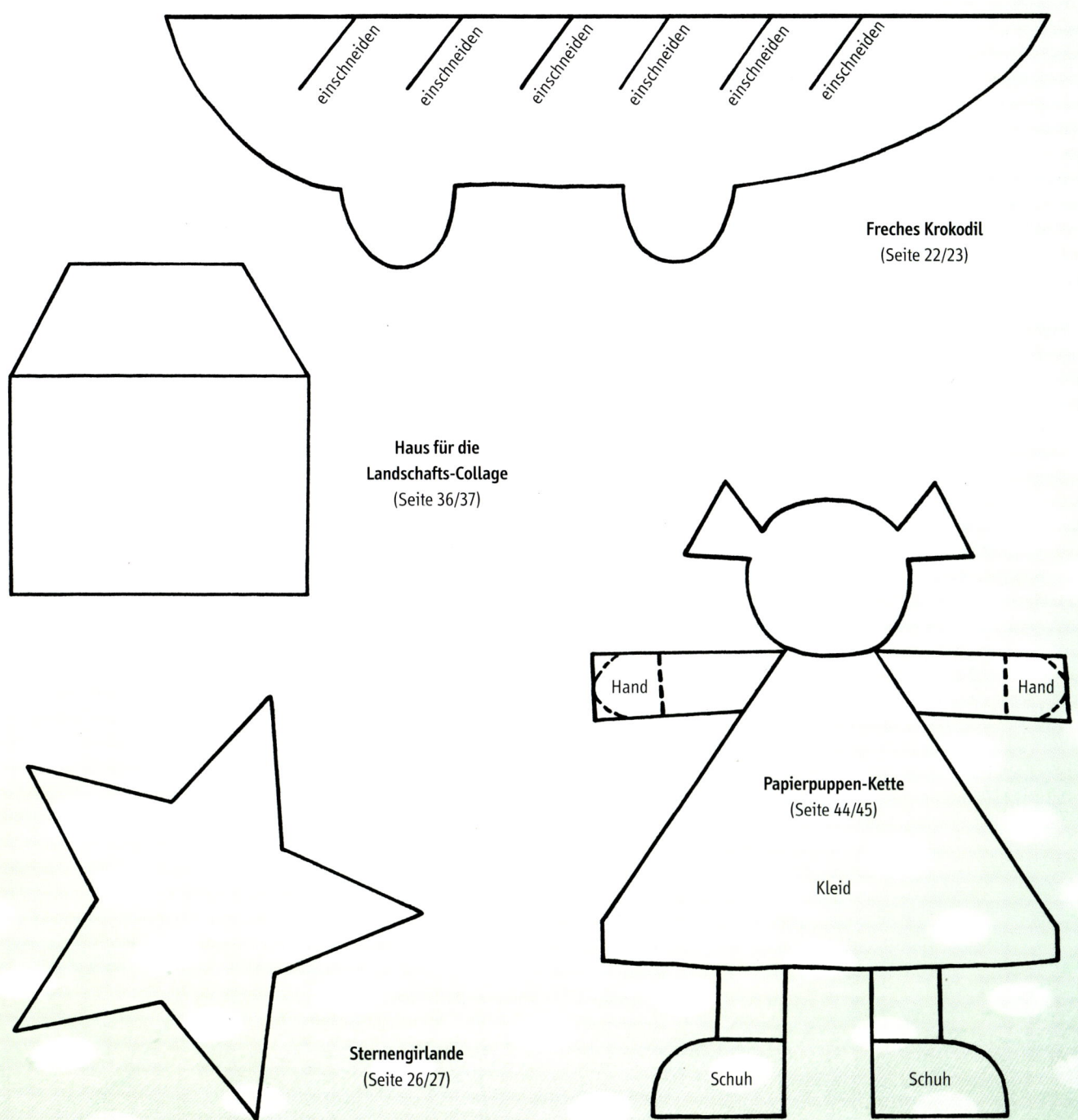

einschneiden einschneiden einschneiden einschneiden einschneiden einschneiden

Freches Krokodil
(Seite 22/23)

**Haus für die
Landschafts-Collage**
(Seite 36/37)

Hand Hand

Papierpuppen-Kette
(Seite 44/45)

Kleid

Sternengirlande
(Seite 26/27)

Schuh Schuh

So wird's gemacht

Vorlagen übertragen mit Schablonen

1 Um eine Vorlage zu übertragen, legst du Transparentpapier auf die ausgewählte Vorlage und überträgt mit einem Bleistift alle benötigten Einzelteile ohne Überschneidungen.

2 Anschließend klebst du das Transparentpapier mit den Zeichnungen auf eine dünne Pappe und schneidest sie mit der Schere exakt aus. Fertig sind die Schablonen.

3 Lege die fertigen Schablonen auf den gewünschten Untergrund, ziehe die Konturen nach und schneide die Teile sorgfältig aus.

Hinweis: Das Arbeiten mit Schablonen bietet sich vor allem für das Anfertigen mehrerer gleicher Motive an.

Vorlagen übertragen mit Transparentpapier

1 Um die Vorlagen mit Transparentpapier zu übertragen, legst du das Transparentpapier auf die Vorlage und zeichnest das Motiv mit einem weichen Bleistift nach.

2 Anschließend wendest du das Transparentpapier und legst es auf den Tonkarton, das Holz o. Ä. Wenn man die Linien noch einmal mit einem harten Bleistift nachzieht, überträgt sich der auf der Rückseite haftende Bleistiftgrafit auf den Untergrund.

Hinweis: Diese Art und Weise der Übertragung bietet sich besonders für „Unikate" (einzelne Teile) an.

Umgang mit Cutter und Schere

Kinder sollten die Motive keinesfalls mit einem Cutter oder einer scharfen Schere ausschneiden. Hier empfiehlt es sich, eine spezielle Kinderschere mit abgerundeten Klingen zu verwenden.

Wissenswertes zum Stempeln

• Pro Farbe sollte ein eigener Stempel verwendet werden.

• Auch Moosgummi eignet sich zum Stempeln. Übertrage dafür die Motive auf das Moosgummi, schneide sie aus und klebe sie auf ein Holzklötzchen.

• Ebenfalls zum Drucken eignen sich deine Hände, Füße und Finger. Diese kannst du mit einem dicken Pinsel oder Malerschwämmchen mit Farbe bestreichen. Für jeden neuen Druck musst du die Farbe neu auftragen. Vor einem Wechsel der Farbe musst du dich gründlich waschen und abtrocknen. Da es schwieriger ist, sich den Fuß selbst mit Farbe einzupinseln, ist es praktischer und lustiger, sich gegenseitig die Füße einzupinseln. Achte aber darauf, nicht mit den bemalten Füßen durch die Wohnung zu laufen. Am besten stempelst du mit den Füßen nur im Badezimmer.

• Mit Stoffmalfarbe kannst du auch Stoff bedrucken. Hier muss die Farbe nach dem Trocknen noch von der Rückseite mit dem Bügeleisen gebügelt werden, damit die Farbe fixiert wird.

Fächerfaltung

Für einen Fächer wird ein Papierrechteck im Abstand von etwa einem Zentimeter abwechselnd nach vorn und nach hinten gefaltet. Zeichne dazu die erste Faltlinie mit Bleistift und Geodreieck® leicht vor. So wird die Breite der ersten Faltung festgelegt, an der man sich bei allen anderen Faltungen orientieren kann. Falte den ersten markierten Streifen, drehe dann das Papier um und

falte den zweiten Streifen um. Wiederhole diesen Vorgang so lange, bis das Papier aufgebraucht ist. Vor allem bei dickeren Papieren ist es hilfreich, die Faltlinien vorher leicht mit Cutter und Geodreieck® anzuritzen, um exakt falten zu können.

Wissenswertes über Pinsel

Kurzstielige Pinsel sind für Kinder am besten zu handhaben. Mit einem Kunsthaarflachpinsel, z.B. Nr. 4, kann man exakte Konturen malen wie auch dünne Linien und saubere Flächen. Wenn Feinheiten mit dem Pinsel gearbeitet werden sollen, empfiehlt sich ein spitzer Kunsthaarrundpinsel.

Die Pinsel sollten keine Farbe an die silberne Zwinge bekommen, da sie dort schnell antrocknet und die Pinsel unbrauchbar machen kann. Die Pinsel vor einem Farbwechsel gründlich mit Wasser und evtl. etwas Kernseife auswaschen und vor allem an der Zwinge die Restfarbe entfernen. Danach den Pinsel an einem Stück Küchenkrepp trocknen, bevor eine neue Farbe aufgenommen wird.

Um einen kleinen Punkt zu malen, kann auch das Ende eines Pinselstiels verwendet werden. Diese wird in die gewünschte Farbe getaucht und dann auf die betreffende Stelle getupft.

Notizen

Stichwortverzeichnis

Danksagungen

Herzlichen Dank an Polly Wreford für ihre wunderschönen Bilder und ihren unglaublichen Enthusiasmus für dieses Projekt. Danke auch an Annabel Morgan, Sonya Nathoo und Toni Kay für ihre Hilfe in jeder Phase des Buches – der Gestaltung, dem Layout und den Texten. Danke an The English Stamp Company für ihre tollen Stempel und Tinten. Ein großes Dankeschön auch an unsere kleinen Models für ihre große Geduld und ihre Freude an den Projekten. Zum Schluss ein großes Dankeschön an meinen Mann Michael und meine Töchter Jessica und Anna – für ihre Hilfe und ihre Anregungen für dieses Buch.

Ryland Peters & Small möchte all den Kindern danken, die für dieses Buch Model gestanden haben: Anita, Arlo, Arthur, Ava, Beatrice, Bella, Cameron, Elliot, Emma, Helny, Hope, Jack, Kiri, Lily und Loui, Maddie, Max, Maya, Millie, Mimmo, Nathan, Polly und Will.